TOP **10**
KAPSTADT

PHILIP BRIGGS

Links **Two Oceans Aquarium** Mitte **Kunst, Greenmarket Square** Rechts **Weingut Boschendal**

www.dorlingkindersley.de

Texte *Philip Briggs*
Fotografien *Tony Souter*
Gestaltung & Recherche *Quadrum Solutions,
Krishnamai, 338, Sir Pochkanwala Road,
Worli, Mumbai, India*

© 2008, 2014 Dorling Kindersley Ltd., London
Zuerst erschienen 2008
bei Dorling Kindersley Ltd., London
A Penguin Random House Company

Für die deutsche Ausgabe:
© 2010, 2014
Dorling Kindersley Verlag GmbH, München
Ein Unternehmen der
Penguin Random House Group

Aktualisierte Neuauflage 2014 / 2015

Alle Rechte vorbehalten, Reproduktionen, Speicherung in Daten-
verarbeitungsanlagen, Wiedergabe auf elektronischen, fotomecha-
nischen oder ähnlichen Wegen, Funk und Vortrag – auch auszugs-
weise – nur mit schriftlicher Genehmigung des Copyright-Inhabers.

Programmleitung *Dr. Jörg Theilacker, DK Verlag*
Projektleitung *Stefanie Franz, DK Verlag*
Übersetzung *Birgit Walter, Augsburg*
Redaktion *Bernhard Lück, Augsburg*
Schlussredaktion *Philip Anton, Köln*
Satz & Produktion *DK Verlag*
Lithografie *Colourscan, Singapur*
Druck *Leo Paper Products, Hongkong, China*

ISBN 978-3-7342-0502-6
2 3 4 5   17 16 15 14

Die Top-10-Listen in diesem Buch sind
nicht nach Rängen oder Qualität geordnet.
Alle zehn Einträge sind in den Augen des
Herausgebers von gleicher Bedeutung.

Inhalt

Top 10 Kapstadt

Die Informationen in diesem Top-10-Reiseführer werden regelmäßig aktualisiert.

Angaben wie Telefonnummern, Öffnungszeiten, Adressen, Preise und Fahrpläne

können sich jedoch ändern. Der Verlag kann für fehlerhafte oder veraltete Angaben

nicht haftbar gemacht werden. Für Hinweise, Verbesserungsvorschläge und

Korrekturen ist der Verlag dankbar. Bitte richten Sie Ihr Schreiben an:

Dorling Kindersley Verlag GmbH

Redaktion Reiseführer

Arnulfstraße 124 • 80636 München

travel@dk-germany.de

Links **Kapholländische Architektur bei der Rhenish Church** Rechts **Clifton Beach**

Links **Strandhäuschen in False Bay, Kap-Halbinsel** Rechts **Surfer vor der Küste von Kapstadt**

TOP 10
KAPSTADT

TOP 10 KAPSTADT

 **Highlights**

Besucher der Region werden Sir Francis Drakes Beschreibung als »das schönste Kap des ganzen Erdballs« zustimmen. Kapstadt (Cape Town / Kaapstad) besticht durch seine traumhafte Lage zwischen dem hoch aufragenden Tafelberg und dem azurblauen Atlantik. Das mediterrane Klima verlockt zu Unternehmungen an der frischen Luft: Auf der Kap-Halbinsel gibt es Wanderwege, man kann die einheimische Tierwelt beobachten, die Weinregion erkunden und an unberührten Stränden entspannen. Die lebendige bunt-afrikanische Lebensart, der historische Reichtum und die beeindruckende koloniale Architektur Kapstadts bieten kulturell interessierten Reisenden zahlreiche Attraktionen.

Gardens 1

Der vom majestätischen Tafelberg überragte Park wurde 1652 von den ersten niederländischen Siedlern angelegt. Er beherbergt verschiedene Museen und Sammlungen *(siehe S. 8f)*.

Kapstadt (Cape Town / Kaapstad) siehe Karte unten

Milnerton

Clifton Bay

Pinelands

Tafelberg 5

Kirstenbosch National Botanical Garden 6

Constantia

Groot Constantia 7

Bergvliet

Chapman's Point

Noordhoek

Muizenberg

Kommetjie

Fish Hoek

Glencairn

Simon's Town & Boulders Beach 8

Table Mountain National Park

Cape of Good Hope 9

2 V & A Waterfront & Robben Island

Das Areal bietet Cafés, ein pulsierendes Nachtleben und exzellente Shopping-Möglichkeiten. V & A Waterfront ist Ausgangspunkt für Ausflüge nach Robben Island *(siehe S. 10 – 13)*.

District Six Museum 3

Das bewegende Museum dokumentiert die Vertreibung »nicht weißer« Einwohner aus dem Stadtteil District Six im Zentrum Kapstadts in die abgelegenen Cape Flats *(siehe S. 14f)*.

4 Castle of Good Hope

Die Festung aus den 1670er Jahren ist Südafrikas ältestes erhaltenes Gebäude. Die Anlage beherbergt mehrere Museen. Die Befestigungsmauer bietet Blick auf die Grand Parade – den Platz, auf dem Nelson Mandela 1990 nach seiner Haftentlassung begeistert gefeiert wurde *(siehe S. 16f)*.

5 Tafelberg
Während der atemberaubenden Seilbahnfahrt auf den imposanten Tafelberg bieten sich dem Besucher viele herrliche Ausblicke über die Kap-Halbinsel und über die Weinregion *(siehe S. 18f).*

6 Kirstenbosch National Botanical Garden
Die in dem Park geschützte reiche Flora der westlichen Kapregion ist das ganze Jahr attraktiv. Besonders schön ist die Wildblumenblüte im Frühjahr *(siehe S. 20f).*

7 Groot Constantia
Groot Constantia, das älteste Weingut Südafrikas, ist für seine koloniale kapholländische Architektur berühmt. Das Anwesen ist von grünen Weinbergen umgeben *(siehe S. 22f).*

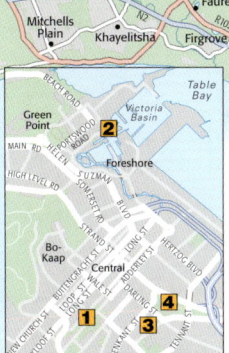

8 Simon's Town & Boulders Beach
In der verschlafenen Hafenstadt säumen herrliche viktorianische Fassaden die malerische False Bay. Die Pinguinkolonie am nahe gelegenen Boulders Beach ist eine beliebte Besucherattraktion *(siehe S. 24f).*

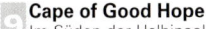

10 Stellenbosch
Die zweitälteste Stadt Südafrikas besitzt beeindruckende kapholländische Bauwerke. Darüber hinaus ist Stellenbosch als hervorragende Basis für die Erkundung der renommierten Weingüter der Kapregion bekannt *(siehe S. 28–31).*

9 Cape of Good Hope
Im Süden der Halbinsel sind grasende Antilopen, freche Paviane und rosa blühende Proteas zu sehen. Auf einer Felsspitze steht ein Leuchtturm. Von dort aus hat man eine besonders gute Aussicht auf Cape Point *(siehe S. 26f).*

⟨TOP⟩10 Gardens

An der herrlich schattigen, grünen Oase im Zentrum Kapstadts liegen die bedeutendsten historischen Gebäude und Museen der Stadt. Jan van Riebeeck ließ den Garten 1652 wenige Wochen nach seiner Ankunft am Kap anlegen, um niederländische Schiffe mit frischem Gemüse zu versorgen. Im 18. Jahrhundert hatte sich der Nutzgarten zu einem 18 Hektar umfassenden, weltbekannten botanischen Garten entwickelt, dessen Pflanzen nach Europa exportiert wurden. Heute verbringen Angestellte aus den umliegenden Bürogebäuden gern im »Company's Garden« die Mittagspause. Wilde Tauben und zahme Eichhörnchen bevölkern die weiten Grünflächen, die eine wunderbare Aussicht auf die schroffen Felsen des Tafelbergs bieten.

Spazierweg im Rosengarten

🕒 **Sonntags sind einige Museen geschlossen.**

☕ **Der Garden Tea Room gegenüber dem Vogelhaus ist zu empfehlen.**

• Karte P5 • Eingänge: Queen Victoria, Adderley, Wale & Hatfield St
• (021) 400 2521
• Garten: Dez–Feb: tägl. 7.30–20.30 Uhr; März–Nov: tägl. 7–19 Uhr; frei
• Iziko South African Museum & Planetarium: tägl. 10–17 Uhr; Museum: Erwachsene 30 R, Kinder & Jugendliche (6–18 Jahre) 15 R, Kinder unter 5 Jahren frei; Planetarium: Erwachsene 40 R, Kinder & Jugendliche (bis 18 Jahre) 20 R
• Slave Lodge: Mo–Sa 10–17 Uhr; Erwachsene 30 R, Kinder & Jugendliche (6–18 Jahre) 15 R, Kinder unter 5 Jahren frei
• Iziko South African National Gallery: tägl. 10–17 Uhr; Museum: Erwachsene 30 R, Kinder & Jugendliche (6–18 Jahre) 15 R, Kinder unter 5 Jahren frei

Top 10 Parkidylle

1. Iziko Slave Lodge
2. St George's Cathedral
3. Haupteingang
4. Statue von Rhodes
5. Vogelhaus & Slave Bell
6. Palmenhain
7. Rosengarten
8. Delville Wood Memorial
9. Iziko South African Museum & Planetarium
10. Iziko South African National Gallery

Iziko Slave Lodge
Der stattliche Bau von 1679 *(rechts)* diente einst als Massenunterkunft für Sklaven. Heute birgt er ein Museum über die Geschichte des Sklavenhandels.

St George's Cathedral
Die Anglikanische Kathedrale *(oben)* war in den 1980er Jahren Zentrum politischer Proteste und Schauplatz von Konflikten zwischen Demonstranten und Polizei. Die von Sir Herbert Baker gestaltete Krypta ist der älteste Teil des Gebäudes.

Haupteingang
Der ursprüngliche Haupteingang des »Company's Garden« entstand in den 1670er Jahren *(unten)*. Er wird von Slave Lodge und St George's Cathedral flankiert.

Die Iziko South African National Gallery ist Teil des Google Art Project **www.googleartproject.com**

Statue von Rhodes
Bei der 1908 in Auftrag gegebenen Statue *(links)* symbolisiert der gen Norden erhobene linke Arm die Absicht des Politikers, Südafrika zur britischen Kolonie zu erklären.

Vogelhaus & Slave Bell
Im Vogelhaus gegenüber dem Garden Tea Room leben Finken. Die Feuerglocke »Slave Bell« befand sich einst am Greenmarket Square.

Palmenhain
In diesem bezaubernden Hain wurden zahlreiche Bäume mit interessanten Detailinformationen versehen.

Rosengarten
Hier wuchsen die Reben für den ersten Wein des Kaps. Die Niederländer stellten auch Rosenwasser her. Die verschiedenen Rosenarten sind kreisförmig angepflanzt.

Delville Wood Memorial
Das 1930 enthüllte Mahnmal mit Skulpturen von Anton van Wouw und Alfred Turner *(oben)* gedenkt der im Ersten Weltkrieg im Wald von Delville in Frankreich gefallenen südafrikanischen Soldaten.

Erzbischof Desmond Tutu
Desmond Tutu, der erste schwarze Erzbischof Kapstadts, war Bischof der St George's Cathedral. In seiner Amtszeit war die Kirche wichtiges Zentrum der Anti-Apartheid-Bewegung. Nach Ende der Apartheid leitete der Friedensnobelpreisträger (1984) die Wahrheits- und Versöhnungskommission. Heute kämpft er gegen die Ausbreitung von Aids.

Iziko South African Museum & Planetarium
Die Villa (19. Jh.) im Süden des Parks *(links)* birgt naturhistorische Exponate, Felszeichnungen und prähistorische Artefakte. Das Planetarium daneben besitzt eine goße Kuppel.

Iziko South African National Gallery
Aus einem Nachlass (1871) von 45 Gemälden entstand das heute führende Kunstmuseum Schwarzafrikas. Neben den afrikanischen und europäischen Sammlungen werden Wechselausstellungen gezeigt.

Im Planetarium erhält jeder Besucher von The Sky Tonight *(Sa & So 13 Uhr) eine Sternenkarte über den aktuellen Sternenhimmel.*

V & A Waterfront

Es gibt größere Shopping-Areale als die V & A (Victoria & Alfred) Waterfront, aber keine in solch malerischer Lage. Die vom glitzernden Wasser des Atlantischen Ozeans und den Ausläufern des Tafelbergs umgebene Waterfront (Mitte) ist integraler Bestandteil des modernen Kapstadt. Nach der Eröffnung im Jahr 1992 trug der Komplex entscheidend zum wirtschaftlichen Aufschwung des seit den 1960er Jahren strukturschwachen historischen Hafenviertels bei. Der Hafen ist heute noch in Betrieb. Die V & A Waterfront gilt in Südafrika als das Reiseziel mit den höchsten Besucherzahlen. Sie bietet zahlreiche Restaurants, Hunderte von Läden und viele Sehenswürdigkeiten. Besuchern werden auch verschiedene Freizeitaktivitäten wie Tagesausflüge nach Robben Island (siehe S. 12f) angeboten.

Cape Wheel

Den Panoramablick auf Kapstadt und den Tafelberg kann man aus dem Cape Wheel besonders gut genießen.

Die V & A Waterfront bietet Besuchern eine große Auswahl an Cafés und Restaurants *(siehe S. 68)*.

- *Karte P2–Q2*
- *(021) 408 7600*
- *regelmäßige Busverbindungen ab Stadtzentrum & Sea Point*
- *Läden: tägl. 9–22 Uhr*
- *www.waterfront.co.za*
- *Two Oceans Aquarium: Dock Rd; (021) 418 3823; tägl. 9.30–18 Uhr; Erwachsene 118 R, Jugendliche (14–17 Jahre) 92 R, Kinder (4–13 Jahre) 58 R, Kinder unter 4 Jahren frei; www.aquarium.co.za*

Top 10 Hafenflair

1. Two Oceans Aquarium
2. Craft Market & Wellness Center
3. Nobel Square
4. Drehbrücke & Uhrturm
5. Nelson Mandela Gateway
6. Alfred Mall
7. Taung Trading Post
8. Victoria Wharf Shopping Mall
9. Vaughan Johnson's Wine & Cigar Shop
10. Hafenrundfahrt

1 Two Oceans Aquarium

Das Aquarium *(unten)* zeigt etwa 3000 Meeresbewohner. Hauptattraktionen sind die zahmen Pinguine und Austernfischer des »River Meander« und ein Becken mit Kelpwald und Fischen.

2 Craft Market & Wellness Center

Die über 100 Läden in Südafrikas größtem überdachten Handwerksmarkt bieten alles von afrikanischen Perlenarbeiten über Tarot-Sitzungen bis zu ganzheitlichen Wellness-Behandlungen.

3 Nobel Square

Neben der faszinierenden Skulptur Noria Mabasas nach Art der Makonde stehen lebensgroße Statuen der Friedensnobelpreisträger Luthuli, Tutu, de Klerk und Mandela *(unten)*.

Mit der Go Cape Town Card ist der Eintritt in das Two Oceans Aquarium frei siehe S. 107

4 Drehbrücke & Uhrturm

Den viktorianischen Uhrturm von 1882 erreicht man über eine Drehbrücke, die geschwenkt wird, wenn Schiffe den Kanal passieren *(oben)*.

5 Nelson Mandela Gateway

An der Anlegestelle für Tagesausflüge nach Robben Island dokumentieren Multimedia-Ausstellungen die Geschichte der Insel.

6 Alfred Mall

An den Tischen der vielen Bars und Cafés vor dem umgebauten edwardianischen Lagerhaus *(links)* kann man bei einem Erfrischungsgetränk entspannt den fantastischen Blick über den Hafen auf den Tafelberg genießen.

7 Taung Trading Post

Dieser Kunst- und Kuriositätenladen *(oben)* verkauft handgefertigte Perlenarbeiten, original afrikanische Werke, Freizeitkleidung sowie CDs von Musikgruppen aus der Region.

Geschichte des Hafenviertels

Das Hafenviertel entwickelte sich im 19. Jahrhundert. 1860 stieß Prinz Alfred, Sohn von Queen Victoria, einen Stapel Steine ins Meer und initiierte damit den Bau des Alfred Basin. Trotz umfangreicher Erweiterungen im Lauf der Zeit sind einige viktorianische Bauwerke an der Waterfront erhalten geblieben, etwa die Pubs Ferrymans Tavern und Mitchell's Waterfront Brewery sowie die Breakwater Lodge.

9 Vaughan Johnson's Wine & Cigar Shop

Das breite Sortiment des Ladens *(oben)* enthält sowohl preisgekrönte Jahrgangsweine als auch erschwingliche eigene Produkte. Weinliebhaber werden sicher fündig.

8 Victoria Wharf Shopping Mall

In einer der größten Malls Südafrikas bieten zahlreiche Restaurants sowie die Kinos Art Nouveau und Nu Metro nach dem Shoppen Stärkung und Entspannung.

10 Hafenrundfahrt

Zahlreiche Veranstalter bieten Rundfahrten mit Motorbooten, Katamaranen oder Segelyachten in der Table Bay an. Die meisten sind an Quay 5 zu finden.

 Die Fahrt mit dem Cape Wheel kostet für Erwachsene 90 R (mit der Go Cape Town Card ist die Fahrt gratis) **www.capewheel.co.za**

⭐10 Robben Island

Die Insel in der Table Bay, das Alcatraz Südafrikas, diente seit der Zeit Jan van Riebeecks als Verbannungsort. Der erste politische Gefangene, der aufständische Kaufmann Autshumatom, wurde 1658 hierher verbracht. In den 1760er Jahren saßen auf Robben Island 70 Häftlinge ein, u. a. mehrere muslimische Führer. Robben Island ist vor allem durch die Apartheid bekannt: Robert Sobukwe, Nelson Mandela, Walter Sisulu, Govan Mbeki (der Vater Thabo Mbekis) und Jacob Zuma waren hier inhaftiert. Der letzte Gefangene verließ die Insel 1996. Heute ist Robben Island ein Museum und UNESCO-Welterbestätte.

Dorfkirche

🕐 **Planen Sie am Nelson Mandela Gateway mindestens 30 Minuten für den Museumsbesuch ein.**

🍴 **Auf der Insel gibt es keine Restaurants. Im Andenkenladen sind kleine Stärkungen erhältlich.**

• *Karte A2*
• *(021) 413 4220*
• *Abfahrt am Nelson Mandela Gateway, V & A Waterfront: 9, 11, 13 & 15 Uhr (wetterabhängig); Dauer einer geführten Tour inkl. Rückfahrt: 3½–4 Std.*
• *Erwachsene 250 R, Kinder & Jugendliche (bis 17 Jahre) 120 R, Online-Buchung empfohlen • www. robben-island.org.za*

Top 10 Attraktionen

1. Fahrt mit der Fähre
2. Dorf
3. Murray's Bay Harbour
4. Kramat von Tuan Guru
5. Jan-van-Riebeeck-Steinbruch
6. Friedhof der Leprakranken
7. Robert Sobukwe Complex
8. Leuchtturm
9. Kalksteinbruch
10. Hochsicherheitsgefängnis

1 Fahrt mit der Fähre
Die 30-minütige Fahrt von der V & A Waterfront ist an windstillen, klaren Tagen besonders schön *(oben)*. Der Blick über die Table Bay ist fantastisch. Beobachten Sie die Delfine und Robben.

2 Dorf
Im Dorf wohnte einst das Gefängnispersonal, heute befinden sich hier Unterkünfte für die Angestellten des Museums. Die beiden alten Kirchen, die Garisson Church und die Church of the Good Shepherd, wurden in den Jahren 1841 bzw. 1895 erbaut.

3 Murray's Bay Harbour
Robben Islands kleiner Hafen ist für die Zucht von Brillenpinguinen *(links)* von großer Bedeutung. Auf der Insel leben etwa 167 Vogelarten, darunter auch eine beträchtliche Anzahl von Schwarzen Austernfischern.

Die Niederländer gaben der Insel im 17. Jahrhundert wegen der vielen Robben den Namen »Robbe Eiland«.

4 Kramat von Tuan Guru

Das Grab Tuan Gurus *(oben)* ist ein Halt auf der Bustour über die Insel. Der islamische Geistliche war im 18. Jahrhundert auf der Insel interniert.

5 Jan-van-Riebeeck-Steinbruch

Van Riebeeck ließ in diesem Steinbruch im Süden der Insel blauen Schiefer abbauen. Dieser Schiefer wurde für den Bau des Castle of Good Hope genutzt.

6 Friedhof der Leprakranken

Von 1846 bis 1930 diente die Insel als Leprakolonie. Der Friedhof *(oben)* ist Zeugnis dieser Zeit.

Nelson Mandela

Der 1918 geborene Nelson Mandela erhielt als erstes Mitglied seiner Familie eine schulische Ausbildung. Als er 1944 mit Oliver Tambo und Walter Sisulu die ANC Youth League gründete, begann seine politische Karriere. Eine 1956 gegen Mandela erhobene Klage wegen Hochverrats wurde nach vier Jahren verworfen. 1964 wurde er dennoch wegen Hochverrats gefangen genommen und auf Robben Island inhaftiert. 1990 kam Mandela frei, 1993 erhielt er den Friedensnobelpreis. Nelson Mandela war von 1994 bis 1999 Präsident Südafrikas. Er starb 2013 im Alter von 95 Jahren.

8 Leuchtturm

Der Leuchtturm wurde 1865 auf dem Minto Hill *(oben)*, dem höchsten Punkt der Insel, erbaut. Zuvor waren Signalfeuer gebräuchlich.

9 Kalksteinbruch

Politische Gefangene mussten hier Schwerstarbeit leisten. 1990 errichteten ehemalige Häftlinge einen Steinhügel.

7 Robert Sobukwe Complex

In dieser tristen Sehenswürdigkeit saß Robert Sobukwe, der erste Präsident des Pan African Congress, in Einzelhaft.

10 Hochsicherheitsgefängnis

Die von ehemaligen Häftlingen geleitete Führung durch den Hochsicherheitstrakt ist ergreifender Höhepunkt eines Besuchs auf Robben Island. Sie beinhaltet einen Blick in Mandelas Zelle *(links)*. Außerdem sind Fotografien aus jener Zeit zu sehen.

Seit 2010 wird am 18. Juli, dem Geburtstag Mandelas, der Internationale Nelson-Mandela-Tag begangen **www.mandeladay.com**

TOP 10 District Six Museum

Das 1994 eröffnete, preisgekrönte Gemeindemuseum gründet auf einem großen Bestand an Gegenständen, Fotografien und Erinnerungsstücken, die von den zwangsenteigneten Anwohnern des Viertels stammen. Zur Zeit der Apartheid (siehe S. 34) wurde der District Six durch den Group Areas Act zu einem Wohngebiet ausschließlich für Weiße umfunktioniert. Die Exponate des Museums lassen das ursprüngliche, von Menschen unterschiedlicher Kulturen bevölkerte Viertel lebendig werden und verdeutlichen dessen Zerstörung durch das menschenverachtende Apartheid-Regime. Das wohl bewegendste der vielen Museen Kapstadts zeigt die schrecklichen Auswirkungen der von der Regierung propagierten Rassentrennung auf das alltägliche Leben der betroffenen Menschen.

Fassade des Museums

🌀 **Viele Township-Touren beginnen mit einem Kurzbesuch des Museums. Es lohnt aber, die vielen ergreifenden Exponate bei einem zweiten Aufenthalt ausführlich zu betrachten.**

🍴 **Im Museumscafé sind kleine Snacks erhältlich. Mahlzeiten kann man in mehreren Restaurants in der Umgebung, z.B. im Restaurant des Castle of Good Hope (siehe S. 16f), zu sich nehmen.**

• *Karte Q5*
• *25A Buitenkant St*
• *(021) 466 7200*
• *Mo–Sa 9–16 Uhr, So nach Vereinbarung*
• *Erwachsene 30 R (mit Führung 45 R), Kinder 15 R • Führungen im Voraus buchen*
• *www.districtsix.co.za*

Top 10 Ausstellungen

1 Handgemalter Stadtplan
2 Methodistenkirche
3 Wandpaneele »Formation, Resistance, Restitution«
4 Nomvuyos Zimmer
5 Geschichte der Horstley Street
6 Tribut an den Langarm-Jazz
7 Friseurladen
8 Bloemhof-Wohnungen
9 Klangkuppeln
10 Little Wonder Store

1 Handgemalter Stadtplan
Der Stadtplan im Hauptsaal *(Mitte)* zeigt das Viertel vor seiner Zerstörung. In ihn trugen ehemalige Bewohner den früheren Standort ihrer Häuser ein.

2 Methodistenkirche
Das Museum ist in einem Weinkeller untergebracht, der 1883 zur Buitenkant Methodist Church umgewidmet wurde. Zwei im Jahr 1988 wiedervereinigte Gemeinden feiern hier ihre Gottesdienste.

3 Wandpaneele »Formation, Resistance, Restitution«
Die drei Wandpaneele *(unten)* erzählen die Geschichte des District Six seit dessen Entstehung im Jahr 1867. Dabei sind Bilder mit Niederschriften historischer Ereignisse und Interviews mit einstigen Bewohnern kombiniert.

Mit der Go Cape Town Card ist der Eintritt in das District Six Museum frei siehe S. 107

4 Nomvuyos Zimmer

Ein Zimmer, das der südafrikanischen Autorin Nomvuyo Ngcelwane zusammen mit ihren Eltern und drei Geschwistern vor der Vertreibung als Wohnung diente, wurde rekonstruiert *(unten)*.

5 Geschichte der Horstley Street

In dem Saal zur Geschichte der Horstley Street schrieben Anwohner Erinnerungen auf den Mosaik- und Betonboden *(oben)*.

Legende

- Erdgeschoss
- Erster Stock

6 Tribut an den Langarm-Jazz

Körnige Fotografien, zeitgenössische Aufnahmen und Schellackplatten von Swingbands stellen den spezifisch südafrikanischen »Jazz«-Stil des »South Africa Langarm« vor, der in den 1930er bis 1950er Jahren im District Six gespielt wurde.

7 Friseurladen

Der komplett eingerichtete Laden aus den 1950er Jahren ist eine charmante nostalgische Rekonstruktion. An den Wänden hängen Werbetafeln aus jener Zeit.

8 Bloemhof-Wohnungen

Hier sind ergreifende Fotos der mehrere Häuser umfassenden Wohnanlage zu sehen, die an dem verkommenen Wells Square bestand. Die Fußballmannschaft der Siedlung war berühmt.

9 Klangkuppeln

Wenn Sie sich auf die eingezeichneten Fußabdrücke vor der vorderen Wand im ersten Stock stellen, hören Sie zehn verschiedene von ehemaligen Bewohnern des District Six erzählte Geschichten.

10 Little Wonder Store

Der kleine Buchladen *(rechts)* im Erdgeschoss bietet eine umfassende Auswahl an Literatur über das District Six und die zahlreichen weiteren Zwangsumsiedlungen, die während der Apartheid angeordnet wurden.

Zerstörung des District Six

Kapstadts sechster Verwaltungsbezirk entstand 1867 am Fuß des Devil's Peak. Einwohner waren freigelassene Sklaven, Einwanderer und Menschen verschiedener Rassen. 1901 wurden erstmals schwarze Bewohner von der Polizei vertrieben, 1967 wurden 60 000 Menschen in die Cape Flats umgesiedelt. Nach Ende der Apartheid händigte Mandela den ersten Rückkehrern die Wohnungsschlüssel persönlich aus.

Videodokumentationen aus der Zeit der Apartheid
www.cvet.org.za

Castle of Good Hope

Die zwischen 1666 und 1679 erbaute Festung ist die älteste Anlage dieser Art in Südafrika. Der markante Bau mit dem fünfeckigen Grundriss wurde aus Schiefer von Robben Island und aus Sandstein des Lion's Head, eines kleinen, zwischen dem Tafelberg und Signal Hill gelegenen Bergs, errichtet. Die ursprünglich direkt an der Table Bay positionierte Festung diente dem Schutz der heranwachsenden niederländischen Siedlung vor Angriffen von der Meerseite her. Nach Landgewinnungsmaßnahmen liegt die meerseitige Mauer nun etwa einen Kilometer vom Wasser entfernt. Die Burg bewahrt heute ein einzigartiges kulturelles und militärisches Erbe. Nach umfangreichen Renovierungsarbeiten von 1969 bis 1993 beherbergt der Komplex zwei Museen und bietet gelegentlich Wechselausstellungen Raum.

Haupteingang

🕐 Wer sich an Werktagen um 10 oder 12 Uhr am Haupteingang einfindet, kann die Schlüsselübergabe und das Abfeuern der Signalkanone beobachten.

🍴 Das De Goewerneur Restaurant links vom Haupteingang serviert preisgünstige Imbisse und leichte Mahlzeiten mit kapmalaiischem Touch.

• Karte Q5 • Ecke Darling & Buitenkant St • (021) 787 1260 • tägl. 9–16 Uhr; Gratisführungen: Mo–Sa 11, 12 & 14 Uhr • Erwachsene 30 R, Kinder & Jugendliche (5–16 Jahre) 15 R • De Goewerneur Restaurant: nur mit Reservierung; So geschl. • www.castleofgoodhope.co.za

Top 10 Festungsanlage

1. Leeuhek & Burggraben
2. Haupteingang
3. Block B
4. Gouverneurs- & Secunde-Quartiere
5. De Kat Balcony
6. William-Fehr-Sammlung
7. Militärmuseum
8. Bogengang & Alter Brunnen
9. Verlies & Folterkammer
10. Keramikausstellung »Fired«

1 Leeuhek & Burggraben
Eine Brücke über den Burggraben *(oben)* führt zum Haupteingang. Zwei Löwenskulpturen krönen das Wachttor Leeuhek (Löwentor) von 1720.

2 Haupteingang
Das Portal (1683) ersetzte den seewärtigen Zugang. Der Glockenturm aus importiertem gelben *ystelsteen* und die Steinmetzarbeit, die einen Löwen mit sieben, die Provinzen der Niederlande repräsentierenden Pfeilen zeigt, sind bemerkenswert. Wochentags findet hier die Schlüsselzeremonie statt.

Schlüsselzeremonie

3 Block B
Der älteste Teil der Festung *(unten)* rechts vom Haupteingang stammt aus den 1660er Jahren. Eine Treppe führt auf die grasbewachsene Bastion, die fantastischen Blick auf die Grand Parade bietet.

 Das Castle of Good Hope ersetzte die 1652 von Jan van Riebeeck an gleicher Stelle erbaute Festung aus Lehm und Holz.

4 Gouverneurs- & Secunde-Quartiere

Die Quartiere sind Teil der zwölf Meter hohen inneren Mauer, die den Hof teilt. Der kommandierende Offizier Simon van der Stel ließ sie in den 1690er Jahren als Unterkünfte für sich und seine Stellvertreter *(secunde)* erbauen.

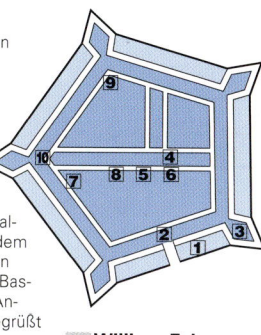

5 De Kat Balcony

In der niederländischen Kolonialzeit wurden vom dem kunstvollen Balkon *(links)* mit einem Basrelief von Anton Anreith Besucher begrüßt und Urteile verlesen.

6 William-Fehr-Sammlung

Über den De Kat Balcony gelangt man zu der von Dr. William Fehr gestifteten Sammlung mit Bildern von Thomas Baines und Werken über das Leben der ersten Siedler.

7 Militärmuseum

Das Museum *(oben)* dokumentiert die Militärgeschichte des Kaps vom Kampf zwischen Bartolomeu Dias und Einheimischen 1488 bis zum Burenkrieg (1899–1902).

8 Bogengang & Alter Brunnen

Den die beiden Hofteile verbindenden Bogengang flankieren der abgedeckte Brunnen, einst Wasserquelle der Burg, und ein Denkmal für die im Ersten Weltkrieg Gefallenen.

9 Verlies & Folterkammer

In dem Raum unterhalb der Nassau Bastion wurden Gefangene gefoltert, da das niederländische Gesetz vor der Verurteilung ein Geständnis erforderte.

10 Keramikausstellung »Fired«

Zur seltenen Sammlung afrikanischer Tonwaren gehört einer der weltbekannten, etwa um das Jahr 500 entstandenen »Lydenburg Heads« *(rechts)*.

City Hall

Bis zur Grundsteinlegung 1905 an der Grand Parade gegenüber der Festung gab es in Kapstadt kein Rathaus. Die Fassade ist im Stil der Renaissance gestaltet, das Innere zieren u.a. Marmortreppen und ein König Edward VII. gewidmetes Buntglasfenster. Mandela hielt vom Balkon des Rathauses seine erste öffentliche Rede nach der Haftentlassung.

Tafelberg

Der 1087 Meter hohe Tafelberg, Südafrikas bekanntestes geografisches Wahrzeichen, dominiert die Silhouette Kapstadts aus nahezu jeder Perspektive. Das flache (daher der Name) Sandsteinplateau liegt in goldenem Sonnenlicht. Zuweilen wird es von einer Wolkendecke umhüllt, die die Einheimischen als »Tischtuch« bezeichnen. Das Massiv zählt vermutlich die meisten Bergsteiger der Welt. Die meisten Besucher erreichen die Spitze des Tafelbergs mit der 1929 eröffneten Seilbahn, die seither mehr als 22 Millionen Fahrgäste beförderte. Hauptattraktion des Tafelbergs ist die fantastische Aussicht vom Gipfel, die Kapstadt und die gleichnamige Halbinsel in ihrer ganzen Pracht erkennen lässt. Das Plateau ist zudem Schutzgebiet für Fynbos und viele Tiere. Ein Besuch des Tafelbergs ist der wohl beliebteste Tagesausflug von Kapstadt aus.

Seilbahn auf den Tafelberg

🔄 **Die Seilbahn ist an nebel- oder wolkenverhangenen Tagen nicht in Betrieb. Wenn Sie bei gutem Wetter in Kapstadt ankommen, geben Sie der Besichtigung des Tafelbergs höchste Priorität.**

🍴 **Das Table Mountain Café bietet in luftiger Höhe Gerichte zu vernünftigen Preisen – vom Frühstücksbüfett bis zu Feinschmeckerkost.**

• *Karte H1* • *Tafelberg Road* • *(021) 424 8181* • *Seilbahn: 8.30–17 Uhr alle 10–15 Min. (im Hochsommer bis 21.30 Uhr); Erwachsene 105 R (einfach), 205 R (mit Rückfahrt), Kinder & Jugendliche 52,50 R (einfach), 100 R (mit Rückfahrt), Kinder unter 4 Jahren frei* • *www.tablemountain. net*

Top 10 Bergzauber

1. Seilbahn
2. Aussichtsplattform
3. Fynbos
4. Vogelwelt
5. Klippschliefer & andere Säugetiere
6. Wanderwege Dassie, Agama & Klipspringer
7. Aussichtspunkt Sign 15
8. Abseil Africa
9. Maclear's Beacon
10. Platteklip-Gorge-Wanderweg

Seilbahn

1 Die runden, rotierenden Kabinen bieten Rundumsicht auf Kapstadt und Table Bay. Die atemberaubende Fahrt dauert fünf Minuten. Nahe der Gipfelstation schweben die Gondeln nur Zentimeter an der Klippenwand vorbei.

Aussichtsplattform

2 Beim Verlassen der oberen Seilbahnstation blickt man auf den Gipfel des Signal Hill *(links)*, auf Robben Island in der Table Bay und auf die Hottentots-Holland-Bergkette am östlichen Horizont.

Fynbos

3 Beim traumhaften Blick über das Sandsteinplateau des Tafelbergs erkennt man die Vegetationsformation *Fynbos*. In der heidekrautartigen Bodendeckung setzen Proteas, Orchideen und Silberbäume farbige Akzente.

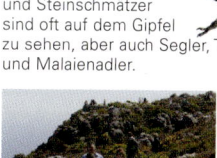

4 Vogelwelt
Der *Fynbos* zieht eine bunte Vogelwelt an. Rotdrosseln *(rechts)* und Steinschmätzer sind oft auf dem Gipfel zu sehen, aber auch Segler, Turmfalken und Malaienadler.

5 Klippschliefer & andere Säugetiere
Von der Twelve Apostles Terrace kann man gut beobachten, wie sich kleine, den Meerschweinchen ähnliche Klippschliefer auf dem Plateau sonnen. Auch Klippspringer, bunte Agamen und Schlangen sind zu sehen.

6 Wanderwege Dassie, Agama & Klipspringer
Auf den rollstuhltauglichen Rundwegen *(links)* sind kaum Tiere zu sehen, doch die Aussicht ist großartig.

7 Aussichtspunkt Sign 15
Bei dem faszinierenden Blick über die Bergrücken der Kap-Halbinsel kann man zwischen den Hügeln Simon's Town und Kommetjie erspähen.

8 Abseil Africa
Die 112 Meter lange Abseilstrecke das Felsband des Tafelbergs oberhalb der Camps Bay hinunter ist ein Muss für abenteuerlustige Reisende *(siehe S. 49)*.

Tipps für Wanderer

Auf den Tafelberg führen mehrere gut markierte Wanderwege, die nach Schwierigkeitsgrad klassifiziert sind. Feste Wanderschuhe sind erforderlich. Erkundigen Sie sich an der Talstation der Seilbahn nach den Bedingungen – das Wetter kann sich rasch verschlechtern. An windigen oder nebeligen Tagen sollte man von einer Wanderung auf den Tafelberg absehen.

9 Maclear's Beacon
Der höchste Punkt des Tafelbergs *(unten)* ist für Wanderer wie Gipfelsammler ein beliebtes Ziel. Der Aufstieg ist landschaftlich reizvoll.

10 Platteklip-Gorge-Wanderweg
Wer den anspruchsvollen Abstieg vom Tafelberg zu Fuß bewältigen möchte, folgt der Route *(oben)* von Maclear's Beacon zur Tafelberg Road.

Für den Platteklip-Gorge-Wanderweg zwischen den Seilbahnstationen benötigt man zwei bis vier Stunden.

TOP10 Kirstenbosch National Botanical Garden

Kirstenbosch, einer der bedeutendsten Botanischen Gärten der Welt, wurde 1913 zum Schutz der Pflanzenvielfalt in der westlichen Kapregion gegründet. Das Areal an der Südflanke des Tafelbergs wurde von der VOC an Leendert Cornelissen verpachtet, ging später in den Besitz von C. J. Rhodes über und wurde 1902 schließlich dem Staat vermacht. Die unteren Hangbereiche weisen üppige autochthone Flora auf, in größeren Höhen wachsen Fynbos-Pflanzen und Wälder. Durch den Garten führen Besichtigungspfade.

Königsprotea

Heimische Flora

🕙 **Mo–Sa 10 Uhr starten kostenlose Führungen. Treffpunkt ist im Besucherzentrum. Dez–März gibt es an Sonntagen Konzerte bei Sonnenuntergang.**

🍴 **Moyo Kirstenbosch bietet Mahlzeiten, Snacks und Picknickpakete für den Garten. Tische müssen 24 Stunden im Voraus reserviert werden.**

- *Karte H2*
- *Rhodes Drive, Kirstenbosch • (021) 799 8783*
- *Sep–März: tägl. 8–19 Uhr; Apr–Aug: tägl. 8–18 Uhr; Gewächshaus: tägl. 9–17 Uhr*
- *Erwachsene 45 R, Kinder & Jugendliche (6–17 Jahre) 10 R; Kinder unter 6 Jahren frei*
- *Restaurants: Moyo Kirstenbosch, (021) 762 9585, RRRR (Preiskategorien siehe S. 69); Kirstenbosch Tea Room, (021) 797 4883*
- *www.sanbi.org*

Top 10 Pflanzenwelt

1 Besucherzentrum & Laden
2 Gewächshaus
3 Gondwana-Garten
4 Mathews Rockery
5 Van Riebeecks Mandelhecke
6 Farngarten & Tal
7 Fynbos-Weg
8 Nutzpflanzenareal
9 Skulpturengarten
10 Vlei

1 Besucherzentrum & Laden

Im Besucherzentrum am Tor 1 sind gute Übersichtskarten erhältlich. Im Eingangsbereich befinden sich auch ein Geschenkeladen *(unten)* und der Botanical Society Bookshop mit Literatur über die Flora und Fauna Südafrikas.

2 Gewächshaus

Unter dem Glasdach gedeihen Wüstenpflanzen aus den Trockengebieten Südafrikas. In der Mitte erhebt sich ein mächtiger *baobab*, der für das tropische Afrika charakteristische Afrikanische Affenbrotbaum.

3 Gondwana-Garten

Die hier gezeigten Felsen *(unten)* stammen aus der Zeit, als es mit Gondwanaland nur einen Südkontinent gab. Der älteste Felsen ist 3,2 Milliarden Jahre alt.

Kirstenbosch (36 ha) ist der größte der neun vom South African National Biodiversity Institute betriebenen Gärten des Landes.

Mathews Rockery [4]

In dem Labyrinth aus Pflanzen aus regenarmen Gebieten *(rechts)* stehen auch gewaltige Wolfsmilchgewächse. Im Winter, wenn die orangefarbenen Blüten der Aloen Nektarvögel anziehen, ist das Areal am schönsten.

Van Riebeecks Mandelhecke [5]

Die dichte Hecke *(links)* aus heimischen Mandelbäumen, 1660 von Jan van Riebeeck gepflanzt, markierte die Grenze der jungen Kapkolonie. Die Früchte der Hecke sind giftig.

Farngarten & Tal [6]

Große Bäume, ein Bach und ein Teich unterhalb eines vor etwa 150 – 200 Millionen Jahren entstandenen, mit Palmfarnen bewachsenen Amphitheaters *(Mitte)* machen das älteste Areal des Gartens zum schönsten.

Fynbos-Weg [7]

Dieser Fußweg führt durch farbenprächtige, für das Kap typische *Fynbos*-Vegetation. Die hier gedeihenden bunten Proteas locken zur Blütezeit im Winter und Frühjahr den langschwänzigen Kaphonigfresser an.

Nutzpflanzenareal [8]

Der Nutzpflanzen gewidmete Bereich ist gut beschildert. Die hier wachsenden Heilpflanzen werden zur Behandlung von Kopfschmerzen bis hin zu Impotenz und Sekundärsymptomen von Aids eingesetzt.

Skulpturengarten [9]

Der großflächige Garten in der östlichen Ecke des Kirstenbosch National Botanical Garden ist mit erstklassigen Steinskulpturen *(rechts)* durchsetzt. Sie wurden von Künstlern im Stil des in Simbabwe beheimateten Shona-Volks hergestellt.

Vlei [10]

Besucher können auf einem Bohlenweg das von Schilf gesäumte *vlei* (Sumpfgebiet) durchschreiten. Das Areal wird nicht nur von vielen Vogelarten bevölkert, hier trifft man auch regelmäßig auf andere Tiere wie Karakal, Kap-Greisbock und Mangusten.

Fauna im Botanical Garden

Kirstenbosch ist primär für Pflanzen bekannt. Der Garten bietet aber auch etwa 200 Wirbeltieren Lebensraum. Zu den Vögeln zählen Kaphonigfresser, Miombonektarvogel, die imposanten, auf den Felsen des Tafelbergs brütenden Malaienadler sowie die an Rebhühner erinnernden Frankoline. Auch Klippschliefer, Mangusten und zwei nur am Tafelberg heimische Froscharten haben hier ihren Lebensraum.

Mehr über die Vegetationsformation Fynbos www.fynbos.co.za

Groot Constantia

1685 gründete Simon van der Stel Groot Constantia, heute das älteste und wohl berühmteste Weingut Südafrikas. Es liegt wunderbar unterhalb des Constantiabergs auf der Kap-Halbinsel zehn Kilometer südlich von Kapstadt. Die Gebäude zählen landesweit zu den schönsten Beispielen kapholländischer Architektur. Zwei mit Giebeln versehene Häuser wurden im späten 18. Jahrhundert unter dem Eigner Hendrik Cloete vollendet. Constantia war von 1778 bis 1885 im Besitz der Familie Cloete. In dieser Zeit erzielten die hier produzierten Dessertweine weltweite Anerkennung, Constantia wurde offizieller Lieferant des im Exil auf St. Helena lebenden Napoléon Bonaparte. 1885 erwarb die Regierung das Gut, seit 1993 ist es im Besitz einer gemeinnützigen Stiftung.

Informationszentrum

🎧 **Die meisten Besucher schauen nur kurz in den Museen und für Weinproben vorbei. Das hübsche Anwesen lohnt aber eine ausgiebige Erkundung zu Fuß.**

🍴 **Auf dem Gut bieten zwei hervorragende Restaurants traditionelle Küche des Kaps.**

• *Karte H2*
• *Groot Constantia Rd*
• *Weingut: (021) 794 5128; tägl. 9–17.30 Uhr; Weinprobe: 30 R pro Person; Führung durch den Weinkeller: 40 R pro Person (inkl. Weinprobe); www.grootconstantia. co.za*
• *Manor House Museum: (021) 795 5140; tägl. 10–17 Uhr; Erwachsene 30 R, Kinder & Jugendliche (6–18 Jahre) 15 R, Kinder unter 5 Jahren frei, Familien (2 Erwachsene, 2 Kinder) 75 R; www.iziko.org.za*
• *Restaurants auch abends geöffnet*

Top 10 Weingut

1. Weinkeller & Weinproben
2. Tor & Hauptzufahrt
3. Fassade des Manor House
4. Informationszentrum
5. Gärten
6. Manor House Museum
7. Cloete Wine Cellar
8. Bad
9. Jonkershuis
10. Coach House Museum

1 Weinkeller & Weinproben

Im Eingangsgebäude werden Wein *(links)* verkauft und Proben angeboten. Der hochgelobte Grand Constance führt die Tradition der Dessertweine fort, die Constantias Ruhm begründeten.

2 Tor & Hauptzufahrt

Die prachtvolle Zufahrtsstraße führt zum Hauptgebäude des Anwesens. Auf dem Weg liegt ein Tor, das im 18. Jahrhundert errichtet wurde *(unten)*.

3 Fassade des Manor House

Hendrik Cloete erweiterte das Gebäude van der Stels um die Frontgiebel. Die in der Nische platzierte Skulptur wurde von Anton Anreith gefertigt.

4 Informationszentrum

Mit dem maßstabsgetreuen Modell des Guts und informativen Tafeln über dessen Geschichte ist das Zentrum eine gute erste Anlaufstelle.

  Mehr über Groot Constantia **www.constantiawineroute.co.za**

Gärten

Die friedvollen Gärten mit in der Zeit van der Stels gepflanzten Bäumen laden zu Spaziergängen ein. Sie bieten Blick auf die Weinberge und die Sandsteinfelsen des Constantiabergs.

Manor House Museum

Das Haus präsentiert eine für Gutsherren des 18. Jahrhunderts typische Einrichtung *(links)*. Möbel und Kunstobjekte wurden von dem Sammler Alfred de Pass gestiftet.

Cloete Wine Cellar

Das schmale Gebäude besitzt den berühmtesten Dreiecksgiebel Südafrikas. Anton Anreith schuf das markante Rokoko-Werk. Im Weinkeller sind heute Fässer ausgestellt – von historischen Behältnissen bis zu Produkten des 20. Jahrhunderts *(rechts)*.

Bad

Die Entstehungszeit des kunstvollen Bads an den Hängen des Constantiabergs *(unten)* ist ungewiss, doch der Stil gleicht dem vom Giebel des Haupthauses aus dem späten 18. Jahrhundert.

Simon van der Stel

Simon van der Stel wurde im Jahr 1639 als Sohn des Gouverneurs Adriaan van der Stel auf See geboren. Er zählte zu den einflussreichsten Persönlichkeiten der frühen Kolonialzeit. 1679 wurde er Kommandeur des Kaps der Guten Hoffnung, 1691 wählte man ihn zum Gouverneur. Er gilt als Gründer der nach ihm benannten Städte Stellenbosch und Simon's Town. Nach seiner Pensionierung im Jahr 1699 widmete er sich dem Aufbau von Groot Constantia, wo er 1712 verstarb.

Jonkershuis

Das reetgedeckte kapholländische Haus des *jonkheer*, des ältesten Sohns, entstand durch Ausbau eines Nebengebäudes. Es beherbergt ein Restaurant *(unten)*.

Coach House Museum

In einem Hof hinter dem Jonkershuis stellt die Isaacs Transport Collection historische Kutschen, Wagen, Fahrräder sowie Esels- und Ochsenkarren aus *(oben)*.

Simon's Town & Boulders Beach

Simon's Town, Südafrikas drittälteste Siedlung, ist nach dem Gouverneur Simon van der Stel benannt, der im stürmischen Winterwetter der Kapregion den geschützten Hafen der Table Bay vorzog. Das historische Flair der Stadt spiegelt deren 144 Jahre während Rolle als größte britische Marinebasis der Region. 1957 wurde Simon's Town der südafrikanischen Marine übergeben. Die Stadt fungiert keinesfalls als feuchtfröhlicher Matrosentreff, sondern ist vornehm und ruhig. Der Reichtum an viktorianischer Architektur und die hübsche Lage an den steilen Hängen der Kap-Halbinsel oberhalb einer Reihe von Sandstränden bestimmen ihren Charakter. Der berühmteste Strand ist Boulders Beach, der eine junge Kolonie von Brillenpinguinen beherbergt.

Schild am Boulders Beach

❶ Der vom Besucherzentrum geradeaus führende Bohlenweg bietet vormittags, der Weg nach rechts nachmittags schöne Fotomotive.

🍴 Speisen Sie abends im Seaforth Restaurant oder bei Bertha's in der Quayside Mall (siehe S. 81).

• Karte H4 • (021) 786 8440 • Metrorail: (0800) 656 463; www. capemetrorail.co.za • Simon's Town Museum: Court Rd; (021) 786 3046; Mo–Fr 10–16 Uhr, Sa 10–13 Uhr; Erwachsene 10 R, Kinder & Jugendliche 5 R • South African Naval Museum: Naval Dockyard (Zugang von St George's St); (021) 787 4686; tägl. 10–16 Uhr • Boulders: Zeiten tel. erfragen; Besucherzentrum (021) 786 2329; Erwachsene 45 R, Kinder & Jugendliche 20 R; www.sanparks.org • www.simonstown.com

Top 10 Stadt & Strand

1 Metrorail nach Simon's Town
2 Simon's Town Museum
3 South African Naval Museum
4 Historic Mile
5 Jubilee Square & Kai
6 Seaforth Beach
7 Besucherzentrum in Boulders
8 Foxy Beach
9 Boulders Beach
10 Willis Walk

Metrorail nach Simon's Town

Die vielen wunderschönen Ausblicke auf die Küste der False Bay machen die Metrorail-Linie *(oben)* zu einer der schönsten S-Bahn-Strecken der Welt. Sie beginnt in Kapstadt und endet im viktorianischen Bahnhof von Simon's Town.

Simon's Town Museum

Die einstige Gouverneursresidenz *(rechts)* birgt eine Ausstellung über Zwangsumsiedlungen in Zeiten der Apartheid und eine amüsante Dokumentation über den Marinehund Just Nuisance.

South African Naval Museum

Das Museum in einem Deckshaus aus den 1740er Jahren ist bekannt für die Repliken eines U-Boot-Innenraums in Originalgröße und eine Schiffsbrücke mit simulierten Wellenbewegungen.

Eine Fahrt mit der Metrorail nach Simon's Town ist nur untertags oder auf einem Gruppenausflug zu empfehlen.

4 Historic Mile

Die Historic Mile besitzt die höchste Dichte an historischen Bauten in Simon's Town: An der St George's Street *(oben)* reihen sich viktorianische Fassaden. Besuchen Sie die reizende Bar im 1929 erbauten Lord Nelson Hotel.

5 Jubilee Square & Kai

Der palmengesäumte Jubilee Square und die Quayside Mall liegen im historischen Zentrum von Simon's Town am Hafen. Am Kai legen Boote zu Ausflügen nach False Bay und Seal Island ab.

6 Seaforth Beach

An dem durch Felsen geschützten Strand *(unten)*, den zuweilen Pinguine vom nahen Boulders Beach besuchen, kann man bei ruhigem Wetter gut schwimmen. Bei aufkommendem Wind bietet das beliebte Strandrestaurant Zuflucht.

7 Besucherzentrum in Boulders

Sehen Sie sich vor Ihrem Besuch der Pinguinkolonie im Besucherzentrum am Eingang eine DVD über die charismatischen Tiere an. Es gibt auch Ausstellungen über andere Meeresvogelarten.

8 Foxy Beach

Zwei Bohlenwege führen zu dem Sandstrand, den eine Brillenpinguinkolonie bevölkert *(Mitte)*. Man kann Hunderten von Tieren beim Schwimmen, Rangeln, Sonnen oder Herumspazieren zusehen.

9 Boulders Beach

Der nach den schützenden Felsen benannte Strand bietet Badenden sichere Bedingungen. Hier leben weniger Pinguine als am Foxy Beach, jedoch sind stets mehrere Tiere zwischen den Felsen zu sehen.

10 Willis Walk

Der außerhalb des Nationalparks verlaufende, für Rollstühle geeignete Weg *(rechts)* bietet Blick auf Pinguine und deren Nachwuchs sowie auf *Fynbos*-Vögel wie Gelbscheitelgirlitze und Schwalben.

Kurzführer Boulders Beach

Von der Hauptstraße nach Cape Point führen Seaforth und Bellevue Road in das südlich von Simon's Town gelegene Boulder. Foxy und Boulders Beach auf dem erweiterten Gebiet des Table Mountain National Park haben separate Zugangstore. Das Besucherzentrum von Boulders liegt bei dem Tor zum Foxy Beach. Der die beiden Tore verbindende Willis Walk ist durchgehend geöffnet.

 Am Boulders Beach kann man bei Kajaktouren Pinguine sowie vom Boot oder vom Ufer aus Wale beobachten.

🔟 Cape of Good Hope

Cape Point ist nicht der südlichste Punkt Afrikas und Experten sind sich nicht einig, ob dies wirklich der Punkt ist, an dem der Atlantische und der Indische Ozean aufeinandertreffen. Die beeindruckende Szenerie der sturmumtosten Landspitze, an der 280 Meter hohe Klippen steil zum weiten Ozean abfallen, vermittelt Besuchern den Eindruck, am Ende des Kontinents zu stehen. Das Kap der Guten Hoffnung (Cape of Good Hope / Kaap die Goeie Hoop) ist Teil des Table Mountain National Park und u. a. wegen der artenreichen Tierwelt interessant: Hier leben endemische Buntböcke und Kap-Bergzebras, hier brüten Kormorane und Wale schwimmen im Meer. Am Kap der Guten Hoffnung gedeiht pastellfarbener Fynbos, der eine außergewöhnlich große Pflanzenvielfalt umfasst (siehe Kasten S. 78).

Kap der Guten Hoffnung

Die faszinierenden Bärenpaviane am Cape of Good Hope können aggressiv werden, wenn Beobachter Essen mitführen.

Im Two Oceans Restaurant neben dem Parkplatz kann man tagsüber gut essen. Die Cape Point Ostrich Farm bietet schmackhafte Straußengerichte.

- *Karte I6*
- *Table Mountain National Park • (021) 780 9010*
- *Okt–März: 6–18 Uhr; Apr–Sep: 7–17 Uhr*
- *Erwachsene 105 R, Kinder (2–11 Jahre) 50 R*
- *www.capepoint.co.za*
- *Cape Point Ostrich Farm • (021) 780 9294*
- *tägl. 9.30–17.30 Uhr; Führungen (30 Min.): Erwachsene 45 R, Kinder & Jugendliche 20 R*
- *www.capepointostrich farm.com • Standseilbahn: 52 R (inkl. Rückfahrt)*

Top 10 Landschaft

1. Besucherzentrum Buffelsfontein
2. Kanonkop-Wanderweg
3. Rooikrans
4. Cape Point Lighthouse
5. Gifkommetjie-Rundstraße
6. Platboom Beach
7. Aufstieg & Standseilbahn
8. Bordjiesdrif
9. Cape-of-Good-Hope-Fußweg
10. Cape Point Ostrich Farm

1 Besucherzentrum Buffelsfontein

Für Besucher ist das Zentrum *(oben)* in einem kapholländischen Farmhaus die erste Anlaufstelle. Es bietet Bücher und Broschüren sowie ein naturgeschichtliches Museum.

Kanonkop-Wanderweg 2

Die kurze Wanderung führt von Buffelsfontein zu der Signalkanone, nach der der Weg benannt ist. An der Strecke, die fantastischen Blick auf die False Bay bietet *(rechts)*, steht ein Kalkofen aus dem 19. Jahrhundert. In Januar und Februar blühen blaue Orchideen.

Ansicht von Cape Point

3 Rooikrans

Der einen Kilometer abseits der Hauptstraße nach Cape Point gelegene Aussichtspunkt eignet sich hervorragend zur Walbeobachtung. Ein Fußweg führt zum Felsstrand hinab.

Mehr über die Erkundung von Afrikas Tierwelt **siehe S. 42f**

Cape Point Lighthouse

Für den Bau des schönsten Leuchtturms Südafrikas wurde 1913 bis 1919 Gestein vom heutigen Parkplatzgelände abgetragen *(oben)*. Die Aussicht ist bei Sonne wie bei Regen atemberaubend.

Gifkommetjie-Rundstraße

Die Straßenschleife führt durch Schatten spendende *Fynbos*-Felder zu einem mit pilzförmigen Felsformationen gespickten Bergkamm mit fantastischer Aussicht. Wanderlustige können den wenig frequentierten dreistündigen Weg zum Hoek van Bobbejaan (Gebiet der Paviane) einschlagen.

Platboom Beach

Diesen wenig besuchten Badestrand erreicht man über eine Straße, an der ein gewaltiges, 1965 errichtetes Kreuz der Landung Bartolomeu Dias' 1488 gedenkt *(siehe S. 34)*.

Aufstieg & Standseilbahn

Die letzte Wegstrecke auf das beeindruckende Kliff Cape Point beinhaltet die Wanderung auf einem steilen Fußweg oder die Fahrt mit der Standseilbahn *(oben)*.

Bordjiesdrif

Die Gezeitenbecken des Felsstrands bieten Meereslebewesen Raum. Das künstliche Becken ist sicheres Badegebiet. Das an die Ankunft Vasco da Gamas 1497 erinnernde Kreuz und die vulkanische Formation Black Rock sind sehenswert.

Cape Point Ostrich Farm

Auf der 600 Meter vom Parkeingang entfernten kinderfreundlichen Straußenfarm kommt man den größten Vögeln der Erde ganz nahe *(unten)*. Außerdem sind viele Straußen-Souvenirs erhältlich, darunter auch riesige ausgeblasene Eier sowie edle Lederwaren.

Cape-of-Good-Hope-Fußweg

Besucher, die der windgepeitschte Cape-Point-Aufstieg nicht erschöpft hat, führt der Weg *(oben)* in 90 Minuten vom Parkplatz zum Strand des Kaps hinab. Dort kann man den Blick auf den Leuchtturm genießen und Meeresvögel sehen.

Wale in der False Bay

Von Juli bis November kann man an Rooikrans und anderen Stränden entlang der Ostküste Wale beobachten, die die False Bay durchqueren. Am häufigsten ist der bis zu 15 Meter lange Südkaper zu sehen. Auch Brydewale, Buckelwale und Große Schwertwale (Orcas) sind zu erspähen. Über die Rufnummer (079) 391 2105 erhält man Informationen zu aktuellen Walsichtungen (www.awhaleofaheritageroute.co.za).

 Mit der Go Cape Town Card ist der Eintritt zur Cape Point Ostrich Farm frei siehe S. 107

⁰T1O0P Stellenbosch

Die zweitälteste und vielleicht schönste Stadt Südafrikas wurde 1679 von Simon van der Stel gegründet. Sie erstreckt sich nördlich des Flusses Eerste am Fuß der Jonkershoek-Berge. Altehrwürdige kapholländische Bauten und Schatten spendende Bäume, die Stellenbosch den Spitznamen Eikestad (Eichenstadt) gaben, säumen die prächtigen Boulevards der Universitätsstadt. Moderne Restaurants, Cafés, Bars und Läden durchbrechen das historische Ambiente. Eine Übernachtung in Stellenbosch bietet die Möglichkeit, die umliegenden Weingüter zu besuchen. An der kurzen Strecke nach Franschhoek über den Helshoogte Pass liegen großartige Sehenswürdigkeiten (siehe S. 30f).

Exponat im Rupert Museum

Weingut Lanzerac

🍴 **Restaurants um Stellenbosch** *siehe S. 90.*

• Karte D2
• *Toy & Miniature Museum: (079) 981 7067; Erwachsene 20 R, Kinder 10 R; www.stelmus.co.za*
• *Rupert Museum: Stellentia Ave; (021) 888 3344; Erwachsene 20 R, Kinder 10 R; www.rupertmuseum.org*
• *Village Museum: 18 Ryneveld St; (021) 887 2948; Mo–Sa 10–17 Uhr, So tel. erfragen; Erwachsene 30 R, Kinder 5 R; www.stelmus.co.za*
• *Botanischer Garten: Ecke Neethling & Van Riebeeck St; tägl. 8–17 Uhr; frei*
• *Weingut Bergkelder: Adam Tas Rd; (021) 809 8025; Führung (mit Weinprobe): Mo–Fr 8–17 Uhr, Sa 9–14 Uhr; 25 R; www.fleurducap.co.za*
• *Weingut Lanzerac: 1 Lanzerac Rd; (021) 886 5641; Weinprobe: Mo–Sa 10–17 Uhr, So 9–16 Uhr; 30 R; www.lanzerac.co.za*

Top 10 Stadtflair

1. Braak
2. Toy & Miniature Museum
3. Dorp Street
4. Oom Samie se Winkel
5. Rupert Museum
6. Stellenbosch Village Museum
7. Moederkerk
8. Botanischer Garten
9. Weingut Bergkelder
10. Weingut Lanzerac

1 Braak
Am Dorfplatz *(braak)* stehen historische Bauwerke wie die Anglikanische Kirche St Mary von 1852 *(oben)* mit neugotischen und kapholländischen Stilmerkmalen sowie die Rhenish Church (1823) mit barocker Kanzel.

3 Dorp Street
Vor dem 20. Jahrhundert errichtete kapholländische Bauten säumen die besterhaltene Straße der Stadt. Die schönsten Fassaden sind an den Kreuzungen mit Drostdy und Herte Street zu sehen.

2 Toy & Miniature Museum
Das Museum *(rechts)* in einem Rheinischen Pfarrhaus zeigt Miniaturhäuser, antike Puppen und einen zwischen Modellen von Stellenbosch und Matjiesfontein verkehrenden Blue Train.

➡ *Die Rheinische Missionsgesellschaft (Rhenish Missionary Society) gründete 1829 die erste Mission in der Kapregion.*

4 Oom Samie se Winkel
Der nach Oom (Onkel) Samie Volsteedt, dem früheren Eigner, benannte Laden *(unten; siehe S. 86)* bietet hausgemachtes Konfekt und afrikanische Kunst.

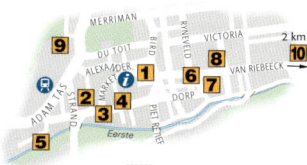

5 Rupert Museum
Das Museum für südafrikanische Kunst südwestlich der Stadt zeigt Werke von Künstlern wie Irma Stern und Moses Kotler.

6 Stellenbosch Village Museum
Die zeitgenössisch eingerichteten Häuser *(unten)* verdeutlichen Epochen der Stadtentwicklung. Das jüngste Interieur ist aus den 1830er Jahren.

7 Moederkerk
Die imposante Moederkerk (Mutterkirche) steht an der Stelle der 1710 abgebrannten ursprünglichen niederländisch-reformierten Kirche gegenüber dem Stellenbosch Village Museum. Der Turm des neugotischen Bauwerks wurde 1866 fertiggestellt.

8 Botanischer Garten
In dieser kleinen, kaum bekannten Anlage sind *Fynbos*-Pflanzen und Sukkulenten aus den Trockengebieten Namibias zu sehen.

9 Weingut Bergkelder
Das markante Gebäude am Papegaaiberg birgt über 200 Weine. Einige der besten des Kaps können im stimmungsvollen Keller probiert werden.

Weingut Lanzerac
1692 wurden auf dem einst Schoongezicht (Schöne Aussicht) genannten Anwesen Rebstöcke gepflanzt. Exzellente Weine und das Restaurant *(rechts)* lohnen den Abstecher zu Stellenboschs nächstgelegenem Gut.

Universitet Stellenbosch
Die bedeutendste auf Afrikaans lehrende Universität Südafrikas ging aus dem 1866 gegründeten Stellenbosch Gymnasium hervor. Das Gebäude steht noch immer an der Dorp Street. Zu den Alumni zählen vier Premierminister des Landes (Jan Smuts, Daniel Malan, Barry Hertzog und Hendrik Verwoerd) und Apartheid-Gegner wie Beyers Naudé und Heinrich Grosskopf. Der Botanische Garten wurde 1922 von der Universität gegründet.

Die Museen sind meist Mo–Fr 9.30–17 Uhr, Sa nur vormittags geöffnet. Öffnungszeiten an Wochenenden sollten Sie tel. erfragen.

Links **Raum für Weinproben, Tokara** Mitte **Wein, Tokara** Rechts **Blick von Hillcrest Berry Orchard**

Stellenbosch bis Franschhoek

1 Weingüter Tokara & Delaire Graff

Beim abendlichen Besuch der auf dem Kamm des Helshoogte Pass gelegenen Weingüter lässt sich bei einem Glas Sekt die schöne Aussicht über die Weinregion genießen. ✆ *Tokara: Karte E2; Helshoogte Rd; (021) 808 5900; Weinproben: Mo–Fr 9–17 Uhr, Sa & So 10–15 Uhr; frei; www.tokara.co.za • Delaire: Karte E2; Helshoogte Pass Rd; (021) 885 8160; Weinproben: Mo–Sa 10–17 Uhr, So 9.30–16 Uhr; Gebühr; www.delaire.co.za*

Oldtimer, Franschhoek Motor Museum

2 Hillcrest Berry Orchard

Im rund zehn Kilometer von Stellenbosch entfernten Hillcrest werden sieben Beerensorten gezüchtet. Konfekt kann im Restaurant gekostet und im Souvenirladen gekauft werden. ✆ *Karte E2 • Helshoogte Pass Rd • (021) 885 1629 • tägl. 9–17 Uhr • www.hillcrestberries. co.za*

3 Pniel

Die 1934 von der Berliner Missionsgesellschaft zur Unterbringung ehemaliger Sklaven gegründete malerische Siedlung am Fuß des Simonsbergs blieb während der Apartheid Wohngebiet für Schwarze. Die Kirche aus dem 19. Jahrhundert und das der Freilassung der Sklaven gedenkende Freedom Monument (1992) sind Wahrzeichen der Stadt. ✆ *Karte E2*

4 Weingut Boschendal

Die Picknickkörbe und Weine des berühmten Guts am Eingang zum Franschhoek Valley garantieren einen luxuriösen Lunch. ✆ *Karte E2 • (021) 870 4274/5 • Okt–März: tägl. 8.30–18.30 Uhr; Apr–Sep: 9–16.30 Uhr; Weinkeller-Führungen: tägl. 10.30 Uhr, 11.30 Uhr & 15 Uhr • www.boschendal. co.za*

5 Franschhoek Motor Museum

Das Museum auf dem renommierten L'Ormarins Estate lockt Autoliebhaber an. Zur Sammlung gehören ein motorisiertes Beeston-Dreirad (1898) und ein Ferrari Enzo (2003). ✆ *Karte F2 • R45 Richtung Franschhoek • (021) 874 9000 • Mo–Fr 10–16 Uhr, Sa & So 10–15 Uhr • Eintritt • www.fmm.co.za*

Weinstöcke im Weingut Boschendal

Boschendals Le Café ist tägl. 10–17 Uhr geöffnet. Der Picknickbereich Le Pique-Nique ist Okt–Mai tägl. 12–17 Uhr zugänglich.

6 Weingut Franschhoek Cellar

Das in Privatbesitz befindliche Weingut ist für hochwertige Rot- und Weißweine in vielen Preislagen bekannt. Weinproben können nach Vereinbarung auch mit Verkostungen von Käse oder Schokolade kombiniert werden. Mittags werden Gerichte mit Käse serviert. ✆ Karte F2 • Main Rd • (021) 876 2086 • Mo–Fr 9.30–17 Uhr, Sa & So 11–17 Uhr • Gebühr (für Weinprobe) • www.franschhoek-cellar.co.za

7 Weingut Mont Rochelle

Das kleine Gut erreicht man in fünf Minuten Autofahrt oder über einen halbstündigen steilen Spaziergang. Es besitzt beeindruckende reetgedeckte kapholländische Bauwerke. Die wunderbare Aussicht auf Franschhoek Valley und den Berg Middagkrans genießt man am besten in einem der beiden vorzüglichen Restaurants des Anwesens. ✆ Karte F2 • Dassenberg Rd • (021) 876 2770 • www.montrochelle.co.za

8 Huguenot Monument

Das zwischen 1938 und 1948 errichtete steinerne Denkmal am Stadtrand von Franschhoek erinnert an die Ankunft der Hugenotten im Jahr 1688. Die drei hohen Bogen repräsentieren die Heilige Dreifaltigkeit. Die Frauenfigur auf einer Weltkugel trägt religiöse Symbole. ✆ Karte F3 • Lambrecht Rd • tägl. 9–17 Uhr • Eintritt

9 Huguenot Memorial Museum

Das exzellente Museum zeichnet den Alltag der französischen Siedler nach, auf die der Name Franschhoek zurückgeht und die den Weinbau in dem Gebiet förderten. ✆ Karte F3 • Lambrecht Rd • (021) 876 2532 • Mo–Sa 9–17 Uhr, So 14–17 Uhr • Eintritt • www.museum.co.za

10 Niederländisch-reformierte Kirche

Franschhoeks architektonisches Juwel wurde 1848 erbaut. Vor der Bergkulisse bieten die weiß getünchten Giebel und der Glockenturm aus dem 19. Jahrhundert ein idyllisches Bild. ✆ Karte F2 • Huguenot Rd

Niederländisch-reformierte Kirche

Hugenotten

Die Hugenotten, französische Protestanten, flohen unter der Herrschaft von Louis XIV vor der Verfolgung durch die Katholiken aus Frankreich. Franschhoek, damals Olifantshoek (Gebiet der Elefanten) genannt, ist Zeugnis hugenottischen Zustroms in die Kapregion 1688. Der Erlass der VOC (Vereenigde Oostindische Compagnie), der Niederländisch als alleinige Unterrichts-, Handels- und Amtssprache deklarierte, förderte die Integration der Hugenotten in die Siedlergemeinschaft. 1750 wurde am Kap kaum Französisch gesprochen, die Hugenotten hatten aber wesentlichen Anteil am Aufstieg Südafrikas zur bedeutenden Wein produzierenden Nation. Viele afrikaanse Nachnamen sind französischen Ursprungs. Einige, z. B. de Villiers und Malan, blieben unverändert, andere wie Cronjé (Cronier) und Nel (Neél) wurden abgewandelt.

Besitzer der Go Cape Town Card können in zahlreichen Weingütern kostenlos an Weinproben teilnehmen siehe S. 107

Links **Gründung der UDF** Rechts **Zweiter Burenkrieg**

TOP 10 Historische Ereignisse

1 Prähistorie
Die frühesten Zeugnisse menschlicher Besiedelung an der Table Bay – Werkzeuge aus der Altsteinzeit – sind 1,4 Millionen Jahre alt. Jäger und Sammler vom Volk der San zogen vor rund 30 000 Jahren in das Gebiet. Sie hinterließen Felszeichnungen, z.B. in der Cederberg-Gebirgskette nördlich von Kapstadt. Das Hirtenvolk der Khoikhoi brachte vor ca. 2000 Jahren Fettschwanzschafe mit in die Region.

2 Ankunft der Portugiesen
1488 umrundete der portugiesische Seefahrer Bartolomeu Dias als erster Europäer das Kap. Die Auseinandersetzungen mit den Khoikhoi gipfelten 1510 im Tod des Kapitäns Francisco d'Almeida in der Table Bay.

3 Gründung Kapstadts
1652 gründete der bei der VOC (Vereinigde Oostindische Compagnie) beschäftigte Jan van Riebeeck eine Nachschubbasis für niederländische Schiffe in der Table Bay. 100 Jahre später war Kapstadt Heimat europäischer Siedler. Allerdings zählte die Stadt mehr Sklaven als freie Bürger.

4 Britische Kolonialisierung & Großer Treck
Unter der ab 1795 regierenden liberalen britischen Führung Kapstadts wurde 1834 die Sklaverei abgeschafft. 1936 bis 1943 zogen 12 000 erzürnte, Sklaven haltende Buren (niederländische Farmer) im Großen Treck nordwärts und gründeten Republiken wie Transvaal und den Oranje-Freistaat.

5 Zweiter Burenkrieg & Vereinigung
Der Burenkrieg von 1899 bis 1902 wurde von den Briten initiiert, um Kontrolle über die Goldader von Johannesburg zu erlangen. Im Jahr 1910 entstand aus Kapkolonie, Natal, Transvaal und Oranje-Freistaat die Südafrikanische Union. Erster Premierminister wurde der einstige Burengeneral Louis Botha.

6 Beginn der Apartheid
Nach Wahl der Nationalen Partei (NP) 1948 in das Kabinett erhoben Verordnungen des Parlaments Rassendiskriminierung zur politischen Ideologie der Apartheid (»Trennung«).

Nelson Mandela, ehemaliger Führer des ANC

Vorhergehende Doppelseite **Kulisse des Tafelbergs**

Gewerkschaftsprotest gegen Apartheid

Massaker von Sharpeville & Rivonia-Prozess

1960 weckte die Ermordung von 69 Teilnehmern einer friedlichen Demonstration in Sharpeville durch die Polizei den Widerstand gegen die Apartheid. Unter Führung Nelson Mandelas entstand Umkhonto we Sizwe, der bewaffnete Flügel des verbotenen ANC. 1962/63 wurde Mandela zusammen mit weiteren Gegnern der Apartheid im Rivonia-Prozess des Hochverrats angeklagt.

Gründung der UDF

1983, in den letzten Jahren der Apartheid, gründeten etwa 15000 Aktivisten in Mitchells Plain das außerparlamentarische Oppositionsbündnis United Democratic Front (UDF).

Freilassung Nelson Mandelas

Im Februar 1990 hob Präsident de Klerk das Verbot des ANC auf, Mandela wurde nach 27 Jahren Haft entlassen. Vom Balkon des Rathauses hielt er seine erste öffentliche Ansprache *(siehe S. 17)*.

Demokratie

Im Mai 1994 wurde der ANC bei Südafrikas ersten demokratischen Wahlen stärkste Kraft. Er dominierte acht von neun Provinzen – nur Westkap blieb Domäne der Nationalen Partei. Nelson Mandela übernahm das Amt des Präsidenten.

Top 10 Berühmte Südafrikaner

Jan van Riebeeck
Der Gründer Kapstadts war bis 1662 Kommandeur der Kapkolonie.

Simon van der Stel
Van der Stel war von 1679 bis 1699 Kommandeur der Kapkolonie. Er gründete Stellenbosch und war treibende Kraft für die Entwicklung der Constantia-Weingüter.

Cecil John Rhodes
Der britische Bergbaumagnat gründete die Diamantenfirma De Beers. Von 1890 bis 1895 war er Premierminister der Kapregion.

Breyten Breytenbach
Der in Kapstadt ausgebildete Schriftsteller war als Anti-Apartheid-Aktivist inhaftiert. Er lebt heute in Frankreich.

Nelson Mandela
Der berühmteste Südafrikaner war 27 Jahre lang in Gefängnissen rund um Kapstadt inhaftiert *(siehe S. 13)*.

Erzbischof Desmond Tutu
Der Friedensnobelpreisträger war von 1985 bis 1995 anglikanischer Erzbischof von Kapstadt *(siehe S. 9)*.

Brenda Fassie
Die Songs der »Madonna der Townships« waren beliebt. 2004 starb Fassie nach Drogenkonsum.

Jacques Kallis
Kallis zählt zu den besten Cricket-Spielern Südafrikas.

Benni McCarthy
Der Fußballer gehört zu den besten in Südafrika.

J. M. Coetzee
Coetzee wurde zweimal mit dem Booker Prize ausgezeichnet. 2003 erhielt er den Nobelpreis für Literatur.

Website des African National Congress (ANC)
www.anc.org.za

Links **Blick vom Bloubergstrand auf den Tafelberg** Rechts **Aussicht am Chapman's Peak Drive**

Aussichtspunkte

1 Tafelberg: Gipfelstation der Seilbahn

Auf dem 15-minütigen Weg von der Gipfelstation der Tafelberg-Seilbahn eröffnet sich auf einigen Aussichtspunkten die Landschaft der westlichen Kapregion – vom nahen Signal Hill und der City Bowl genannten Innenstadt Kapstadts bis zur wellenumtosten Robben Island und der False Bay. Die Hottentots-Holland-Berge überragen die Szenerie. Auch der Blick über die Bergrücken der Kap-Halbinsel bis nach Cape Point ist beeindruckend. ❧ *Karte H1*

2 Signal Hill

Der zwischen City Bowl und Sea Point gelegene Signal Hill (350 m) mit flachem Gipfel ist Ausläufer der höheren, hornförmigen Felsformation Lion's Head. Das per Auto oder zu Fuß erreichbare Picknickareal bietet vor allem bei Sonnenuntergang fantastischen Blick auf Kapstadt. Auch das seit dem 18. Jahrhundert zelebrierte Abfeuern der Noon Gun ist eine Attraktion *(siehe S. 62)*.

3 Rhodes Memorial

Das gewaltige Monument steht an einem südöstlichen Hang des Tafelbergs. Den Blick über die Cape Flats auf das ferne Helderberg und die Hottentots-Holland-Berge genießt man am besten von dem benachbarten Coffee Shop aus *(siehe S. 73)*.

4 Chapman's Peak Drive

Die zwischen 1915 und 1922 angelegte Mautstraße, eine der spektakulärsten Küstenstraßen der Welt, verläuft auf dem Band aus Schiefergestein, das die Granitbasis des Chapman's Peak und den darüberliegenden Sandstein trennt. Auf der sich um die Berge zwischen Hout Bay und Noordhoek windenden Strecke liegen Aussichtspunkte. Der Blick auf die blanken Klippen des Chapman's Peak und an die Küste brandenden Atlantik lohnt *(siehe S. 78)*. ❧ *Karte G3 • Mautgebühr • www.chapmanspeakdrive.co.za*

5 Cape Point

Auf Cape Point an der Südspitze der Kap-Halbinsel mit dem Cape of Good Hope *(siehe S. 26f)* gelangt man über einen steilen Fußweg oder mit der Standseilbahn. Der Blick über von Wind umtoste Klippen und vom Atlantik umspülte Strände reicht bis zur Antarktis im Süden. ❧ *Karte I6*

Blick auf Kapstadt vom Signal Hill

Rooikrans

Der oft einsame Strand im Süden des Table Mountain National Park bietet eine faszinierende Sicht nach Norden zur Küste der False Bay. Von Juni bis November kann man hier gut Wale beobachten *(siehe S. 26)*.

Weinberge rund um Tokara

Bloubergstrand

Der Bloubergstrand liegt etwa 10 Kilometer nördlich von Kapstadt an der Westküste der Table Bay. Der »Strand am Blauen Berg« ist nach dem Tafelberg benannt, der den sandigen Küstenstreifen überragt. Der Bloubergstrand zeigt sich vormittags am schönsten. Aber auch ein Besuch am Nachmittag lohnt. Dann kann man die Aussicht in einem der Cafés mit Tischen im Freien genießen *(siehe S. 61)*.

Weingut Tokara

Das Gut, auf dem Wein und Oliven angebaut werden, besitzt eine einzigartige malerische Lage auf dem Kamm des Helshoogte Pass. Der Blick reicht über mit Eukalyptus bewachsene Hänge bis zur False Bay. An klaren Tagen sieht man sogar den fernen Tafelberg. Die Aussicht genießt man am besten bei einem kühlen Glas Wein, z. B. einem auf dem Gut produzierten trockenen Sauvignon Blanc *(siehe S. 30)*.

Franschhoek Pass

Da Urlauber das charmante Stellenbosch dem abgelegenen Villiersdorp vorziehen, ist dieser Pass wenig befahren. Einige Kilometer Fahrt auf der Strecke lohnen dennoch, da sie schöne Aussicht auf die reetgedeckten Dächer und die ausgedehnten Weinberge im Franschhoek Valley bietet *(siehe S. 31)*.

Paarl Mountain

Paarl Mountain, der zweitgrößte Granitfelsen der Welt, ragt am Stadtrand von Paarl auf. Bei Sonnenuntergang bietet der Berg einen besonders faszinierenden Anblick, da er dann, wie der Name besagt, wie eine Perle erstrahlt. Eine zweistündige Wanderung führt auf den Gipfel, von dem man auf die mit *Fynbos* bedeckten Hänge und die lebhafte Stadt über die umliegenden Weinberge bis hin zur Silhouette des Drakenstein (Drachenstein) blickt. ◈ *Karte E1*

➤ *Mehr über Paarl* siehe S. 84

Links **Scratch Patch** Mitte **Löwin im Drakenstein Lion Park** Rechts **Monkey Jungle**, **World of Birds**

Attraktionen für Kinder

1 Monkey Town Primate Sanctuary

Die meisten Primaten in dieser Auffangstation wurden aus Gefangenschaft befreit. Die Tiere – von Schimpansen bis Zwergseidenäffchen – leben größtenteils auf einem Freigelände, um das ein Besichtigungsweg verläuft. ⊙ *Karte D4 • Mondeor Rd, Somerset West • (021) 858 1060 • tägl. 8–17 Uhr • www. monkeys.co.za*

2 Scratch Patch

Scratch Patch erinnert an einen psychedelischen Kieshügel: Farbenprächtige polierte Schmucksteine wie Tigerauge, Lapislazuli, Achat, Rosenquarz, Amethyst und Jaspis sind in Hülle und Fülle auf dem Boden verteilt. Kinder (und Erwachsene) können die Steine zusammenschürfen und in gegen Gebühr erworbenen Taschen mitnehmen. Scratch Patch besitzt Niederlassungen an der V & A Waterfront und in Simon's Town.

⊙ *V & A Waterfront: Karte A2; Dock Rd; (021) 419 9429; tägl. 9–17.30 Uhr • Simon's Town: Karte H4; Dido Valley Rd; (021) 786 2020; Mo – Fr 8.30–16.45 Uhr, Sa & So 9–17.30 Uhr • www.scratch patch.co.za*

Rote Aras

3 Iziko Planetarium

Das überkuppelte Planetarium gehört zum South African Museum in Gardens. Tägliche Vorführungen präsentieren den funkelnden südlichen Nachthimmel. Es gibt auch spezielle Programme für Kinder *(siehe S. 9)*.

4 World of Birds

Der größte Vogelpark Südafrikas beherbergt über 400 einheimische und exotische Arten, darunter Papagaien und Bartvögel, die in begehbaren Volieren gehalten werden. Besucher können mehrere Stationen des Vogellebens wie die Bebrütung von Eiern und das Füttern der Küken beobachten. Zu den im Park lebenden Reptilien und Säugetieren zählen die Affen im Monkey Jungle *(siehe S. 79)*.

5 Giraffe House

Im Giraffe House kann man außer Giraffen auch Zebras, Elenantilopen, Buntböcke, Springböcke, Impalas, Kapenten, Papageien und Unzertrennliche sehen. Die Tiere sind

Adler auf der Spier Wine Farm

vorwiegend in Afrika heimisch. Familien haben hier auch die Gelegenheit für ein Picknick im Freien. *Karte D2 • Ecke R304 (nach Stellenbosch) & R101 (nach Paarl) • (021) 884 4506 • tägl. 9–17 Uhr • Eintritt • www.giraffehouse.co.za*

Spier Wine Farm

Das kinderfreundlichste der Kap-Weingüter bietet eine Reihe von Spielplätzen sowie beeindruckende Shows mit Wahlbergs- und Malaienadlern *(siehe S. 83)*.

Ratanga Junction

In dem großen Vergnügungspark im Norden Kapstadts sorgen die rund 18 Meter hohe Wasserrutsche »Monkey Falls« sowie die Achterbahn »The Cobra« für Nervenkitzel. Für Kinder sind vor allem Autoskooter und ein Mini-Riesenrad geeignet. Es gibt auch einen Neun-Loch-Minigolfplatz. Im Sommer sind die Slingshot-Anlage und der Streichelzoo geöffnet. *Karte B2 • Century Blvd, Century City • (021) 550 8504 • in Schulferien der Provinz Westkap tägl. 10–17 Uhr • Fahrgeschäfte: Gebühr • www.ratanga.co.za*

Drakenstein Lion Park

Wer Löwen sehen möchte, findet in der Region um Kapstadt keinen besseren Ort als diesen Park bei Paarl. Er bietet in Gefangenschaft geborenen Tieren, die nicht ausgewildert werden können, Schutz. Von Aussichtsplattformen kann man die Freigehege der 35 Löwen überblicken. Schließen Sie Butterfly World in den Ausflug ein *(siehe S. 84)*.

Pinguine im Two Oceans Aquarium

Two Oceans Aquarium

Südafrikas renommiertestes Aquarium zeigt viele Meereslebewesen aus dem kühlen Atlantik und dem wärmeren Indischen Ozean. Bei Kindern sind vor allem Robben, Pinguine und Rochen beliebt. Beachten Sie die Fütterungszeiten. Ein Zentrum bietet Puppentheater und Kunsthandwerksstücke an *(siehe S. 10)*.

Imhoff Farm

Die restaurierte Farm aus dem 18. Jahrhundert liegt an der Strecke nach Cape Point. Neben dem Higgeldy Piggeldy Farmyard mit Tieren vom Bauernhof gibt es auch einen Schlangenpark. Kinder können auf Ponys und Kamelen reiten. Der Coffeeshop verkauft hausgemachten Käse. *Karte G4 • Kommetjie • (021) 783 4545 • Di–So 10–17 Uhr • www.imhofffarm.co.za*

Links **Kirstenbosch National Botanical Garden** Rechts **Mountainbiking, De Hoop Nature Reserve**

Parks & Naturschutzgebiete

1 Table Mountain National Park

Das 1998 zum Nationalpark erklärte Areal erstreckt sich vom Signal Hill im Norden bis zur Spitze der Kap-Halbinsel nach Cape Point. Der Artenreichtum mit ca. 2000 Pflanzenarten und Fauna vom Bärenpavian bis zu endemischen Vögeln und Fröschen gedeiht in unmittelbarer Nähe der Großstadt Kapstadt. ✆ *Karte T4 • (021) 712 2337 • Öffnungszeiten für einzelne Bereiche variieren • Eintritt für einige Bereiche • www.sanparks.org*

2 Kirstenbosch National Botanical Garden

Der Landschaftsgarten an den Südhängen des Tafelbergs präsentiert die Pflanzenvielfalt Südafrikas. Durch das Gelände führen Fußwege, die meist auch für Rollstühle geeignet sind *(siehe S. 20f).*

3 Silvermine Nature Reserve

Das Schutzgebiet im Zentrum des Table Mountain National Park ist eine interessante Alternative zum Tafelberg selbst. Der Silvermine River Walk macht mit *Fynbos* und Vogelwelt bekannt, der steile Anstieg zu Noordhoek Peak und Elephant's Eye Cave bietet unvergessliche Blicke auf den Ozean. ✆ *Karte B4 • (021) 789 2457 • Mai–Sep: tägl. 8–17 Uhr; Okt–Apr: 7–18 Uhr • Eintritt • www.sanparks.org*

Kapscharbe

4 De Hoop Nature Reserve

Das Gebiet mit der größten erhaltenen Fläche Küsten-*Fynbos* der Welt schützt Pflanzen, Vögel und Säugetiere. Es erstreckt sich landeinwärts zu dem zerklüfteten Potberg, auf dem der gefährdete Kapgeier brütet. Der Park kann per Auto erkundet werden, Besucher ziehen meist Radfahren oder Wandern vor *(siehe S. 95).*

5 Jonkershoek & Assegaaibosch Nature Reserves

Die benachbarten Gebiete in den 1526 Meter hohen Jonkershoek-Bergen östlich von Stellenbosch sind mit Fauna und Berg-*Fynbos* ein Paradies für Wanderer. Tagestouren reichen von dem anspruchsvollen 18 Kilometer langen Swartboskloof Trail bis zu Spaziergängen durch den Wildblumengarten in Assegaaibosch *(siehe S. 83).*

Watsonien im Jonkershoek Nature Reserve im Frühling

360-Grad-Blick von Cape Point im Table Mountain National Park
www.sanparks.org/interact/multimedia/virtual_tours.php

6 Table Bay Nature Reserve

Der Park in der Nähe der Vorstädte Milnerton und Table View bietet beste Möglichkeiten zur Vogelbeobachtung in Kapstadt. Er schützt die Süßwasser- und Meeresvögel anlockenden Flussauen des Diep.

Harold Porter National Botanical Garden

Bisher wurden fast 200 Arten gesichtet. Zwischen Oktober und März machen Watvögel hier Station. Es gibt zwei Beobachtungsstände und einen Fußweg.
🐾 *Karte B2 • Grey Ave, Table View • (021) 557 5509 • tägl. 7.30–17.30 Uhr • Eintritt • www.friendsofrietvlei.co.za*

7 Harold Porter National Botanical Garden

Im Botanischen Garten in der Betty's Bay kann man sich mit *Fynbos* vertraut machen. Hier wachsen Süßgras, Protea, Erika und – in ihrer natürlichen Umgebung – die Orchideenart *Disa uniflora*. Die reiche Vogelwelt des Gartens, die die meisten *Fynbos*-assoziierten Arten enthält, zieht viele Beobachter an *(siehe S. 98).*

8 Paarl Mountain Nature Reserve

Die Landschaft auf den Granitfelsen am Rande von Paarl wird von Berg-*Fynbos* und endemischen Baumarten geprägt. Das Areal eignet sich gut für erfrischende Wanderungen. Es ist auch bei Anglern und Mountainbikern beliebt.
🐾 *Karte E1 • Jan Phillips Mountain Dr, Paarl • (021) 807 4500 • tägl. 7–19 Uhr (Winter: bis 19 Uhr) • Eintritt & Gebühr für Fahrzeuge*

9 West Coast National Park

Das ausgedehnte Areal in der geschützten Langebaan-Lagune ist bei Vogelbeobachtern und Wassersportlern beliebt. Neben der Küstenlandschaft ist die Tierwelt interessant: Hier leben u. a. Elenantilopen sowie Bunt- und Springböcke. In August und September bieten die in dem Areal beim Postberg blühenden Wildblumen ein attraktives Bild *(siehe S. 96).*

10 Bird Island Nature Reserve

Der Kreidefelsen liegt nahe der Küste bei der Hafenstadt Lamberts Bay. Er beherbergt die einzige zugängliche Brutkolonie von Kaptölpeln der Welt. Auch Kapscharben, Robben und Pinguine leben auf der Insel. 🐾 *Karte S1 • Lamberts Bay • (021) 483 0190 • tägl. 7–18 Uhr (Sommer: bis 19 Uhr) • Eintritt • www.capenature.co.za*

Links **Robben sonnen sich auf Seal Island, Hout Bay** Rechts **Hafenrundfahrt**

TOP10 Begegnungen mit der Tierwelt

1 Vogelbeobachtung im Rondevlei Nature Reserve

In dem Feuchtbiotop nahe den Cape Flats am Rand von Kapstadt wurden etwa 230 Wasservogel-arten gesichtet, u. a. Rosapelikan, Schmalschnabellöffler und verschiedene Reiher. Vielleicht können Sie auch einen Blick auf die hier lebende, aber scheue Flusspferdfamilie erhaschen. ✎ *Karte l3* • *Perth Rd, Rondevlei* • *(021) 706 2404* • *tägl. 7.30–17 Uhr (Dez–Feb: Sa & So bis 19 Uhr)* • *Eintritt* • *www.rondevlei.co.za*

2 Hafenrundfahrt

Auf den Hafenrundfahrten, die Veranstalter an der V & A Waterfront anbieten, sind fast immer Südafrikanische Seebären sowie jede Menge Möwen und Seeschwalben zu sehen. Zuweilen lassen sich auch Delfine blicken *(siehe S. 11).*

3 Klippschliefer auf dem Tafelberg

Auf dem Tafelberg sonnen sich halbzahme Klippschliefer *(Hyracoidea)*. Die Abkömmlinge der Huftiere, die vor 35 Millionen Jahren die pflanzenfressenden Arten Afrikas dominierten, ähneln Meerschweinchen, sind aber größer und haben schärfere Zähne *(siehe S. 19).*

4 Pinguinkolonie, Boulders Beach

Die Beobachtung der flugunfähigen Vögel, die scheinbar mit einem Frack bekleidet unbeholfen watscheln, ist bei Urlaubern fester Programmpunkt. Die 2000 Tiere umfassende Kolonie am Boulders Beach begann 1982 mit zwei brütenden Paaren *(siehe S. 24f).*

5 Seal Island, nahe Hout Bay

Die flache Felseninsel sechs Kilometer vor der Küste beherbergt mit bis zu 73 000 Tieren die größte Robbenkolonie der westlichen Kapregion. Zudem leben hier Pinguine und drei Kormoran-Arten. Besucher müssen von den Tieren Abstand halten, Boote fahren die von Robben bevölkerten Strände entlang *(siehe S. 79).*

6 Kap der Guten Hoffnung

Der südlichste Bereich des Table Mountain National Park bietet traumhafte Ausblicke auf den Ozean. Auch die Tierwelt ist faszinierend: Buntböcke, Kap-Greisböcke und Bergzebras sind in dieser Region endemisch. Sie leben hier neben Bärenpavianen, Elenantilopen und Kapmangusten *(siehe S. 26f).*

Brillenpinguin am Boulders Beach

Parks & Naturschutzgebiete siehe S. 40f

Käfigtauchen mit Haien

7 Walbeobachtung an Land
Am westlichen Kap befinden sich die weltweit besten Möglichkeiten zur Walbeobachtung von Land aus. Die Klippen in Hermanus, De Hoop und False Bay bieten als Aussichtspunkte Blick auf Südkaper, die aus den tiefen Wassern der geschützten Buchten auftauchen. ✆ *Hauptsaison: Juni–Nov; Zeit des Kalbens: Juli/Aug*

8 Käfigtauchen mit Haien
Von einem Käfig aus den räuberischen weißen Haien zuzusehen, gilt Unterwassersportlern als größter Nervenkitzel. An der beleibten, 160 Kilometer von Kapstadt entfernten Gansbaai ist die Teilnehmerzahl begrenzt. Dies soll jedem Taucher eine besonders intensive Erfahrung ermöglichen. ✆ *Shark Cage Diving: (021) 671 4777 • www.sharkcagediving.co.za*

9 Tauchen & Schnorcheln
Die Kelpwälder und tiefen Gezeitenbecken des Atlantiks bieten exzellente Möglichkeiten, unter Wasser faszinierende Meeresbewohner zu beobachten.

10 Inverdoorn Game Reserve
Das Gebiet liegt wenige Autostunden von Kapstadt in der Halbwüste Karoo. Zum reichen Tierbestand zählen Löwen, Geparden, Giraffen, Antilopen und Breitmaulnashörner. Es werden auch viele Freizeitaktivitäten angeboten. ✆ *Karte U3 • abseits R46 • (021) 434 4639 • www.inverdoorn.com*

Top 10 Endemische Flora & Fauna

1 Königsprotea
Die ananasgroße, lachs- bis pinkfarbene Blüte ist Südafrikas Wappenblume.

2 Disa uniflora
In Dezember und Januar trägt die Orchidee, der »Stolz des Tafelbergs«, rote Blüten.

3 Silberbaum
Die Protea-Art mit silberhaarigem Stamm und konischen Blüten wächst nur auf der Kap-Halbinsel.

4 Brillenpinguin
Dies ist die einzige Pinguinart, die in Südafrika brütet. Zwei weitere subantarktische Arten sind gelegentlich an den Kap-Stränden zu sehen.

5 Buntbock
Im 20. Jahrhundert stand die schön gezeichnete Antilope vor der Ausrottung.

6 Buntes Zwergchamäleon
Von den vier Chamäleonarten in den Bergen der westlichen Kapregion ist es das häufigste.

7 Kap-Bergzebra
Kap-Bergzebras wurden vor der Ausrottung bewahrt – anders die nahe verwandten Quaggas, die im 19. Jahrhundert verschwanden.

8 Kaphonigfresser
Der langschwänzige *Fynbos*-Bewohner gehört zu einer Familie, die nur in Südafrika und Simbabwe zu finden ist.

9 Goldbrust-Nektarvogel
Blühende *Fynbos*-Habitate sind die Heimat des Vogels.

10 Tafelberg-Gespensterfrosch
Sieben Bäche des Tafelbergs sind der einzige bekannte Lebensraum des seltenen Froschs.

Die heidekrautähnliche Bodenvegetation Fynbos *ist nur an der Kap-Küste Südafrikas zu finden.*

Links **Strandhäuschen, Muizenberg** Rechts **Küste, Boulders Beach**

TOP 10 Strände

1 Clifton Beach

Der beliebte Badestrand ist der dem Zentrum von Kapstadt nächstgelegene. Er befindet sich in Gehweite von Sea Point und Green Point. Von den vier durch Granitfelsen getrennten sandigen Buchten ist Fourth Beach mit Umkleidekabinen, öffentlichen Toiletten, Imbiss- und Getränke-ständen am besten ausgestattet. Besucher können tageweise Liegestühle und Sonnenschirme mieten. Das Wasser ist relativ kühl. Badende sollten die Unter-strömung nicht unterschätzen *(siehe S. 62)*.

2 Camps Bay

Der ausgedehnte Sandstrand wird von den Twelve-Apostles-Felsen an der Westseite des Tafelbergs überragt. Er erstreckt sich neben der Hauptstraße durch Camps Bay hinter einer Reihe von schicken Cafés, Res-taurants und Bars. Der ansonsten ruhige Strand ist in Ferienzeiten bei Familien beliebt. Liegestühle und Sonnenschirme werden zum Verleih angeboten *(siehe S. 61)*.

3 Sandy Bay

Der durch hohe Dünen ge-schützte Strand bei Llandudno wird von abgeschirmten Fels-buchten durchzogen, die zum Sonnenbaden einladen. Der seit Langem als halboffizieller FKK-Strand dienende Küstenstreifen ist auch bei Homosexuellen be-liebt. Mit öffentlichen Verkehrs-mitteln ist Sandy Bay schwer zu erreichen. Das Wasser ist oft zum Schwimmen zu kalt. Karte G2

4 Noordhoek

Der Strand unterhalb des imposanten Chapman's Peak bei Kommetjie erscheint als endloser Bogen weißen Sands. Der den Elementen stark ausgesetzte Strand ist ideal für ausgedehnte Spaziergänge und zur Vogelbeob-achtung. Er lockt auch viele Rei-ter an *(siehe S. 78)*.

5 Muizenberg

Der einst schickste Strand von Kapstadt an der Nordküste der False Bay ist ein sicheres Schwimm- und Surfgebiet, der Glanz der 1960er Jahre ist jedoch verblasst. Die vielfäl-tigen Einrichtungen wie ein geschützter Pool, Wasserrutschen, ein Minigolfplatz, Im-bissstände und Um-kleidekabinen machen den Strand bei Fami-lien beliebt. Er ist mit dem Zug vom Zentrum Kapstadts leicht zu erreichen *(siehe S. 77)*.

Camps Bay mit dem Lion's Head im Hintergrund

Mehr über Muizenberg **www.muizenberg.info**

Felsküste von Seaforth Beach

Platboom Beach

Der Strand bei Cape Point ist vermutlich der schönste der Halbinsel. Er lädt zum Sonnen und Schwimmen ein, ist aber auch bei Spaziergängern und Naturfreunden beliebt *(siehe S. 27)*.

Boulders Beach

Der hübsche, geschützte Strand liegt am südlichen Rand der Pinguinkolonie *(siehe S. 42)*. Besucher können die Gesellschaft der putzigen Vögel genießen, die sich die Felsen mit den Sonnenbadenden teilen. Für den Strand ist eine Eintrittsgebühr zu entrichten *(siehe S. 25)*.

Seaforth Beach

Der Strand liegt in Gehweite von Simon's Town. Wie der nahe Boulders Beach ist er von hohen Felsen umgeben. An dem meist wenig bevölkerten Küstenstreifen sind vereinzelt Pinguine zu sehen. Das nette Seaforth Restaurant mit Holzbalkon bietet Blick auf den Strand *(siehe S. 25)*.

Bikini Beach, Strand

Der geschützte Bikini Beach, der beliebteste der vielen Strände in Kapstadts Vorort Strand, ist in weniger als einer Stunde Autofahrt vom Stadtzentrum in östlicher Richtung zu erreichen. Er wird vom Helderberg überragt und bietet fabelhafte Aussicht über die False Bay. Das flache Wasser ist zum Schwimmen geeignet. Familien schätzen die zahlreichen Cafés und Restau-

rants. Die Gezeitenbecken in der benachbarten Gordon's Bay sorgen für Abwechslung vom Sonnenbaden. ❃ *Karte D4*

Bloubergstrand

Der Name *blouberg* (Blauer Berg) bezieht sich auf den Tafelberg, dessen Silhouette an klaren Tagen vom Strand aus wunderschön zu sehen ist *(siehe S. 18f)*. Der Sandstrand ist von bizarr anmutenden Felsvorsprüngen durchsetzt. An der Küste wehen meist starke Winde. Bei Wassersportlern ist das Terrain äußerst beliebt *(siehe S. 61)*.

Links **Golfplatz in Steenberg** Mitte **Rugby-Spiel zwischen Chiefs und Stormers** Rechts **Ausritt**

Sport & Aktivurlaub

1 Rugby
Die »Springboks«, das Nationalteam Südafrikas, gelten seit Langem als Weltklasse-Mannschaft. Sie gewannen 1995 und 2007 den Rugby World Cup. Internationale Begegnungen werden in Newlands, der Spielstätte der Stormers, ausgetragen. Die Mannschaft aus dem Umland von Kapstadt spielt in der Super-Rugby-Liga.

2 Fußball
Der Erstligist Ajax Cape Town trägt seine Heimspiele im Cape Town Stadium in Green Point aus. Das Stadion zwischen Signal Hill und Atlantischem Ozean wurde für die Fußball-WM 2010 errichtet. *Cape Town Stadium: Karte N1; (021) 417 0120*

3 Cricket
Der Newlands Cricket Ground ist die Heimstätte der Cape Cobras, eines Teams, aus dem bereits zahlreiche international erfolgreiche Spieler hervorgingen. In diesem Stadion finden auch häufig Länderspiele statt. *Newlands Cricket Ground: Karte I2; (021) 657 2003*

4 Hochsee- & Fliegenfischen
Die Gewässer um die Kap-Halbinsel sind bei Hochseefischern vor allem als Thunfischgründe bekannt. Die Bergbäche im Inland sind zum Fliegenfischen gut geeignet. *Fliegenfischen: Inkwazi: (083) 626 0467; www.inkwaziflyfishing.co.za* *Hochseefischen: Big Blue Fishing Charters: (021) 786 5667; www.bigblue fishingcharters.com*

5 Golf
Rondebosch Golf Course und Atlantic Beach Golf Estate zählen zu den besten Golfplätzen in der Kapregion. *Rondebosch Golf Course: Karte B3; (021) 689 4176* *Atlantic Beach Golf Estate: Karte B2; (021) 553 2223*

6 Reiten, Noordhoek
Der Sandstrand Noordhoek beim Chapman's Peak lädt zu Ausritten ein. Unterricht wird für alle Altersstufen und für behinderte Reiter angeboten. *Sleepy Hollow: (021) 789 2341; www. sleepyhollowhorseriding.co.za*

7 Mountainbiken
Die gebirgige Weinregion bietet Montainbikern zahllose

Surfer bei einem Riff in Dungeon nahe Kapstadt

Informationen über sämtliche Golfplätze in der Region
www.sa-venues.com/western_cape_golf_courses.htm

Wanderer auf dem Tafelberg

Strecken. In einigen Schutzgebieten sind Mountainbike-Routen ausgewiesen. Fahrräder kann man in allen größeren Zentren mieten. Downhill Adventures organisiert professionelle Touren.
◉ *Downhill Adventures: (021) 422 0388, www.downhilladventures.com*

Wanderungen, Cape Fold Mountains

Wanderwege diverser Schwierigkeitsgrade durchziehen die meisten Schutzgebiete und Nationalparks. Dort kann man Tiere beobachten. Die Begleitung eines professionellen Führers ist nicht unbedingt notwendig, aber empfehlenswert. ◉ *Cape Eco-Tours: (021) 919 2282; www.cape-ecotours.co.za*

Surfen

Das westliche Kap zählt zu den besten Surfgebieten weltweit. Die False Bay bietet bei Muizenberg beständige Bedingungen. Die Atlantikküste ist weniger frequentiert und reicher an Herausforderungen.

Kajak- & Kanufahren, False Bay

An windstillen Tagen sind auf Touren von Simon's Town durch die False Bay Pinguine, Delfine und Wale zu sehen. Erfahrene Kajakfahrer schätzen den Nervenkitzel bei stürmischem Wetter.

Top 10 Sport-Stars aus Südafrika

1 Ernie Els
Der als »Big Easy« bekannte, einst in der Weltrangliste führende Golfer gewann vier Major-Titel.

2 Makhaya Ntini
Südafrikas erster schwarzer internationaler Cricket-Spieler rangierte 2006 auf Platz zwei der Weltrangliste der Test-Cricket-Werfer.

3 Benni McCarthy
McCarthy zählt zu den international erfolgreichsten Fußballern aus Südafrika.

4 Francois Pienaar
Pienaar war Kapitän des Rugby-Teams, das 1995 in der südafrikanischen Heimat den Weltcup gewann.

5 Shaun Pollock
Der einstige Kapitän der Cricket-Nationalmannschaft gilt als exzellenter Werfer (416 Wickets/3781 Runs in Tests).

6 Chad le Clos
Der Schwimmer wurde bei den Sommerspielen 2012 Olympiasieger über 200 Meter Schmetterling.

7 Penny Heyns
Heyns gewann 1996 als erste Frau olympisches Gold sowohl über 100 als auch über 200 Meter Brustschwimmen.

8 Roland Schoeman
Der Schwimmer war Mitglied der bei den Olympischen Spielen 2004 siegreichen Freistilstaffel.

9 Lucas Radebe
Der einstige Kapitän der südafrikanischen Fußball-Nationalmannschaft gewann 1996 den Africa Nations Cup.

10 John Smit
Smit war Kapitän des Springbok-Teams, das 2007 den Rugby-Weltcup gewann.

Links **Urlauber bei der Erkundung einer Höhle** Rechts **Bergsteiger auf dem Tafelberg**

TOP 10 Abenteuerurlaub

1 Gleitschirmfliegen

Kapstadt und die Weinregion sind wunderbar zum Gleitschirmfliegen geeignet. Man erkundet das Gebiet am besten zunächst mit einem Führer. Birdmen Paragliding bietet Tagesausflüge mit Funkkontakt, drei Tage bis zu einen Monat dauernde Touren sowie Anfängerkurse und Ausbildungen mit abschließendem Zertifikat. ✆ *Birdmen Paragliding: (021) 557 8144; www.birdmen.co.za*

2 Ballonfahren, Weinregion

Die Fahrt im Heißluftballon über die Weinregion ist ein entspannter Einstieg in den Tag. Nach dem Start bei Sonnenaufgang lässt man sich vom Wind treiben. Ein Begleitfahrzeug bringt die Passagiere nach der Landung zum Sektfrühstück. ✆ *(021) 863 3192; Nov–Mai bei gutem Wetter; www.kapinfo.com*

3 Helikopterflüge

Bei gutem Wetter ist ein Helikopterflug sicher die aufregendste Art, die Kap-Halbinsel und den Tafelberg aus der Luft zu betrachten. Helikopter kann man an der V & A Waterfront chartern. ✆ *Base 4: (021) 934 4405; www.base4.co.za*

4 Höhlenklettern

Der steile Fußweg zu den Sandsteinhöhlen oberhalb der Kalk Bay bietet fantastische Aussicht auf die False Bay. In den Höhlen wurden die frühesten Beweise menschlicher Besiedelung des Kaps entdeckt. Um die Höhlen in ihrer gesamten Tiefe zu erkunden, muss man klettern und kriechen. Auf jeden Fall sollte man eine Taschenlampe mitführen. ✆ *Zafari Travel: (021) 813 6096; www.zafaritravel.co.za*

5 Sporttauchen

Die Riffe vor der Küste nördlich von Durban sind für ihren Reichtum an farbenprächtigen Fischen bekannt. Auch das kühle Wasser bei Kapstadt bietet Tauchern Attraktionen: gewaltige Kelpwälder, zutrauliche Robben an der Atlantikküste und zahlreiche Schiffswracks. ✆ *Scuba Shack: (072) 603 8630; www.scubashack.co.za*

6 Quadfahren

Die Landschaft in und um Kapstadt ist für Touren mit dem Quad sehr gut geeignet. Erfahrene Führer erklären zuerst, wie das Fahrzeug bedient wird, bevor

Gleitschirmflieger beim Start vom Lion's Head

Sport & Aktivurlaub siehe S. 46f

Abseilen an der Westflanke des Tafelbergs

eine Gruppe zu einem Ausflug durch die Weinregion und über die Kap-Halbinsel aufbricht.
⊘ *Downhill Adventures: (021) 422 0388, www.downhilladventures.com*

Rafting

7 Der Breede River durchzieht das Robertson Valley im Nordosten von Kapstadt. Er bietet die beste Rafting-Strecke nahe der Hauptstadt. Umkulu veranstaltet Ein- und Zweitagesausflüge auf dem Breede River sowie anspruchsvolle vier- und sechstägige Touren auf dem Orange River entlang der Grenze zu Namibia.
⊘ *Umkulu: (021) 853 7952; www.breede riverraftingtours.com*

Klippenspringen

8 In den Boland-Bergen nördlich von Kapstadt ist es ein beliebter Sport, von bis zu 15 Meter hohen Klippen in Süßwasserbecken zu springen. Die besten Plätze wie die unheilvoll benannte Suicide Gorge sind nur über ausgedehnte Wanderungen zu erreichen. Das sogenannte Kloofing ist nichts für Untrainierte oder Menschen mit schwachen Nerven. ⊘ *Absolute Adventures: (021) 531 6616; www.absoluteadventures.co.za*

Abseilen

9 Der von Abseil Africa betreute 112 Höhenmeter überwindende Abstieg an der Westflanke des Tafelbergs bietet traumhafte Ausblicke. Die Strecke ist vermutlich die längste kommerziell geführte Route der Welt. ⊘ *Abseil Africa: (021) 424 4760; www.abseilafrica.co.za*

Klettern

10 Die zerklüfteten Felsen des Westkaps sind ein Kletterparadies. City Rock bietet die geeignete Ausrüstung und Anleitung von erfahrenen Sportlern. Das Unternehmen betreibt auch eine Kletterwand in einer Halle.
⊘ *City Rock: (021) 447 1326; Kurse nach tel. Voranmeldung; www.cityrock.co.za*

Klippenspringen in ein Süßwasserbecken

Felix Unite bietet ebenfalls Rafting-Touren auf dem Breede River **www.felixunite.com**

Links **Iziko Bo-Kaap Museum** Rechts **Kunstwerke im Red Shed Craft Workshop**

Südafrikanische Kultur

District Six Museum
1 Das bewegende Museum bezeugt die Grausamkeit des von der Nationalen Partei verabschiedeten Group Areas Act, der in den 1950er und 1960er Jahren umgesetzt wurde. Es präsentiert den Alltag im District Six vor der Zerstörung durch das Apartheid-Regime (siehe S. 14f).

Iziko Slave Lodge
2 Das zweistöckige Gebäude am Eingang von Gardens wurde 1679 als Unterkunft für Einwanderer aus Malaysia und den Inseln des Indischen Ozeans errichtet, die als treibende Kraft für die Agrarwirtschaft des Kaps fungierten. Heute dokumentiert ein Museum mit Multimedia-Ausstellungen die südafrikanische und internationale Geschichte des Sklavenhandels (siehe S. 8).

Exponat im Iziko Bo-Kaap Museum

Felszeichnungen, Iziko South African Museum
3 In Südafrika sind viele Felszeichnungen erhalten. Mehrere Fundstätten besitzen etwa 10 000 Jahre alte Relikte. Eine Ausstellung des Museums widmet sich diesem eindrucksvollen prähistorischen Ausdrucksmittel. Sie birgt Rekonstruktionen und ein Original, das vor Beschädigung durch Straßenbauarbeiten gerettet wurde. Karte P5 • 25 Queen Victoria St • (021) 481 3800 • tägl. 10–17 Uhr • Eintritt • www.iziko.org.za

Langa
4 Die älteste und dem Zentrum Kapstadts nächstgelegene Township entstand 1927 (siehe S. 64). Sie spielte eine zentrale Rolle im Widerstand gegen die Apartheid. Geführte Touren schließen das Tsoga Environmental Resource Centre und das Guga S'Thebe Arts Centre ein.

Long Street
5 Preiswerte Restaurants, Tourveranstalter, urige Läden und einige Clubs für Homosexuelle charakterisieren eines der lebendigsten Viertel Kapstadts. Die anrüchige wie angesagte Gegend ist bei Rucksackurlaubern beliebt (siehe S. 63).

Red Shed Craft Workshop
6 In den Gewölben der Werkstatt arbeiten Töpfer, Kerzenmacher und andere Kunsthandwerker. Besucher können handgearbeitete Souvenirs kaufen und Stücke in Auftrag geben. Karte Q1 • V&A Waterfront • www.waterfront.co.za

Bewohner von Langa

Anlässlich der Fußball-WM 2010 konzentrierte sich die FIFA-Initiative Football for Hope auf die Townships Südafrikas.

Township Imizamo Yethu

7 Begegnung mit ehemaligen Häftlingen, Robben Island

Besichtigungen des Hochsicherheitsgefängnisses auf Robben Island, in dem Apartheid-Gegner einsaßen, werden von ehemaligen Häftlingen geleitet. Besucher hören Berichte über Südafrikas älteste politische Haftanstalt aus erster Hand *(siehe S. 12f)*.

8 Khayelitsha

Die Siedlung Khayelitsha, in der Sprache der Xhosa »Unsere neue Heimat«, entstand in den 1950er Jahren nach Inkrafttreten des Group Areas Act in den Cape Flats. Das 1985 als Township anerkannte Stadtviertel zählt zu den ärmsten Südafrikas *(siehe S. 74)*.

9 Iziko Bo-Kaap Museum

Das Museum widmet sich der Geschichte des muslimischen Vororts Bo-Kaap *(siehe S. 62)*, den nach Ende der Sklaverei in den 1830er Jahren Kapmalaien besiedelten. ⊗ *Karte Q4 • 71 Wale St, Bo-Kaap • (021) 481 3938 • Mo–Sa 10–17 Uhr • Eintritt • www.iziko.org.za*

10 Imizamo Yethu

Die junge Township liegt an an Hängen über der Hout Bay. Die freundliche Atmosphäre kontrastiert mit den primitiven Einrichtungen. Einwohner veranstalten Führungen *(siehe S. 78)*.

Top 10 Wörter der Umgangssprache

1 Ag!

Das ähnlich dem deutschen »Ach« artikulierte »Ag« kann Missfallen (»Igitt!«), Mitleid (»Oh je!«) oder Ärger (»Oh nein!«) ausdrücken.

2 Bru

Der von Afrikaans *broer* (»Bruder«) abgeleitete Begriff dient als allgemeine Anredeform für Männer, vergleichbar mit »Kumpel« oder »Freund«.

3 Dop

Dop bezeichnet ein alkoholisches Getränk oder das Trinken von Alkohol (»Treffen wir uns auf einen kurzen Drink?«).

4 Babalas

In der Sprache der Farbigen ist dies die Bezeichnung für einen Kater nach Alkoholgenuss.

5 Ek sé

Die Phrase (wörtlich »Ich sage«) wird Bitten und Aussagen vorangestellt.

6 Izzit?

Die Bedeutung des Einwurfs in die Erzählung eines anderen gleicht dem deutschen »tatsächlich?«.

7 Moerse

Moerse bedeutet »sehr«.

8 Lekker

Lekker bedeutet »gut«, »schön«, aber auch »schmackhaft«. Süßigkeiten werden auf Afrikaans *lekkers* genannt.

9 Just Now

Der missverständliche Ausdruck sorgt bei Urlaubern oft für Verwirrung und Amusement. Er bedeutet »etwas später« – oder »viel später«!

10 Jol

Jol (»Vergnügen«) wird als Substantiv oder Verb verwendet (»Wo ist etwas los?«, »Lass uns ausgehen!«).

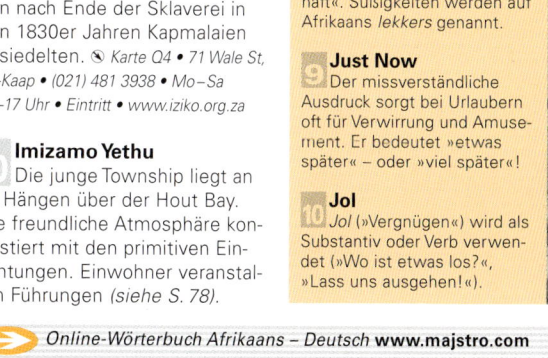

Links **Belthazar Restaurant & Wine Bar** Rechts **La Colombe**

Restaurants & Weinlokale

1 Belthazar Restaurant & Wine Bar

Das beliebte Restaurant an der V & A Waterfront wurde schon als bestes Steakhouse Südafrikas ausgezeichnet. Filet- und Rumpsteaks sind hervorragend. Über 100 der besten Weine des Kaps sind glasweise, seltene erlesene Tropfen flaschenweise erhältlich *(siehe S. 68)*.

2 Den Anker Bar and Restaurant

Das Restaurant an einem kleinen Steg zählt zu den besten an der Waterfront. Zu belgischen Spezialitäten wie Kaninchen werden gute Weine und belgisches Bier gereicht. Von den Tischen im Freien hat man Blick auf die Robben und Boote im Hafen. Bei schlechtem Wetter bietet die bootförmige Bar Hafenflair *(siehe S. 68)*.

3 Africa Café

Die panafrikanische Küche des Dinner-Büfetts macht mit verschiedenen Aromen bekannt. Nach dem Abendessen lockt die stimmungsvolle Bar *(siehe S. 69)*.

Den Anker Bar and Restaurant

4 Savoy Cabbage

Das Restaurant in einem restaurierten viktorianischen Gebäude im Stadtzentrum zählt zu den trendigsten Kapstadts. Die moderne Einrichtung kontrastiert mit der historischen Umgebung. Der Schwerpunkt der einfallsreichen Küche liegt auf Wild, Meeresfrüchten und vegetarischen Gerichten *(siehe S. 69)*.

5 La Colombe

Das Restaurant auf dem Constantia-Weingut zählt zu den besten von Kapstadt. Aus hochwertigen Zutaten aus der Region entstehen hier Gerichte, in denen sowohl die französische als auch die asiatische Küche spürbar ist. Wählen Sie etwas von der Tafel und genießen Sie Ihr Mahl im Innenhof *(siehe S. 75)*.

6 Jordan Restaurant

In diesem Restaurant kommen vorwiegend Fleisch und Seafood aus der Region, z. B. Springbock und Muscheln, auf den Tisch. Küchenchef George Jardine wechselt die Speisekarte täglich. Durch die hohen Fenster kann man den Blick auf das Weingut und die Berge besonders gut genießen *(siehe S. 90)*.

7 The Foodbarn

Eigentümer und Küchenchef Franck Dangereux inspirierte während seiner Zeit im La Colombe viele der besten Köche Kapstadts. Gäste können sich auf köstliche Gerichte mit franzö-

Weitere Restaurants in Kapstadt & Umgebung **siehe S. 68f, S. 75, S. 81, S. 90f & S. 99**

Jordan Restaurant

Top 10 Spezialitäten Südafrikas

1 Bobotie
Rosinen geben dem kap-malaiischen Klassiker aus Rinderhackfleisch und Safranreis Süße. Bobotie wird mit einer Eiercreme überbacken.

2 Potjiekos
Der Eintopf aus Fleisch und Gemüse wird in einem *potjie* (kleiner schwarzer Topf) über offenem Feuer gekocht.

3 Waterblommetjie Bredie
Der Eintopf wird mit Lamm und der Wasserpflanze *waterblommetjie* zubereitet.

4 Tomato Bredie
Der schmackhafte Tomateneintopf enthält saftiges Lammfleisch.

5 Boerewors
Die würzige, gehaltvolle »Farmerswurst« schmeckt am besten *braaied* (auf offenem Feuer gegrillt).

6 Malva Pudding
Der süße niederländische Pudding enthält Aprikosen.

7 Melktert
Das milchreiche, süße Puddingtörtchen stammt aus niederländisch-malaiischer Kochtradition.

8 Koeksister
Die »Kuchenschwestern«, ein spiralförmiges Gebäck, haben eine Krapfen ähnliche Konsistenz und eine sehr süße Glasur.

9 Pap 'n' Stew
Der Fleischeintopf, eine in Südafrika verbreitete traditionelle Speise, wird mit *mealie pap* (Maisbrei) gegessen.

10 Biltong
Die luftgetrockneten, gesalzenen würzigen rohen Wild- oder Rindfleischstreifen sind ein Genuss.

sischem Touch, auf herrliche Saucen und exzellente offene Weine freuen. The Foodbarn befindet sich in dem ruhigen Dorf Noordhoek im Süden der Kap-Halbinsel *(siehe S. 81)*.

8 Terroir
Die klassischen Gerichte mögen auf den ersten Blick simpel erscheinen, doch hier weiß man ganz genau, wie man die Aromen der saisonalen Zutaten betonen muss. In der Küche lässt man sich bewusst Zeit für die Zubereitung – Zeit, die man wegen der erstklassigen Weine gut nutzen kann *(siehe S. 90)*.

9 Le Quartier Français
The Tasting Room im Hotel Le Quartier Français bietet im Zentrum Franschhoeks kulinarische Köstlichkeiten. Die Speisekarte ist variantenreich, die Preise sind gehoben *(siehe S. 91)*. Im gleichen Gebäude kann man im Restaurant iCi das Flair des Hotels zu günstigeren Konditionen genießen.

10 Le Pique-Nique
Die Weinregion lädt zu Picknicks mit kühlem Weißwein ein. Im Areal »Le Pique-Nique« auf dem Weingut Boschendal lässt sich dieser Leidenschaft unter Schatten spendenden Pinien vor malerischer Bergkulisse besonders gut frönen *(siehe S. 83)*.

Rezepte aus Südafrika
www.southafrica-infoweb.com/rezepte.php

Ladysmith Black Mambazo auf dem Cape Town International Jazz Festival

Festivals & Veranstaltungen

1 Kaapse Klopse

Das auch als Cape Minstrel Carnival bekannte Neujahrsfest entstand als Reaktion einstiger Sklaven auf einen Besuch der »Schwarzgesichter« – weißer amerikanischer Barden, die ihre Gesichter mit Kohle färbten – im Jahr 1848. Einheimische malen ihre Gesichter weiß an und marschieren durch Kapstadt. ✆ 2. Jan

2 Open-Air Theatre, Maynardville

Seit der Eröffnung 1956 mit *Der Widerspenstigen Zähmung* findet in dem Freilichttheater im Maynardville Park ein Shakespeare-Festival statt. Das Theater bietet 720 Besuchern Platz und zieht jährlich über 20 000 Zuschauer an. ✆ Karte J2 • Ecke Church & Wolf St, Wynberg • (021) 421 7695 • Jan–Feb
• www.maynardville.co.za

3 Cape Town Pride Festival

Das größte homosexuelle Festival von Kapstadt wird seit 2001 gefeiert. Am Pride Parade Day finden eine farbenfrohe Parade, Drag Shows, Modenschauen und eine große Abschlussparty statt. Außerdem beinhaltet das zweiwöchige Event Schauspiel, Bälle, Teegesellschaften und Filmvorführungen. ✆ Feb–März
• www.capetownpride.org

4 Cape Town Festival

Kapstadts bedeutendstes Kunstfestival wurde 1999 initiiert, um die ethnische Vielfalt zu würdigen und Integration zu fördern.

Es findet in Gardens *(siehe S. 8f)* statt. ✆ (021) 465 9042 • März oder Apr
• www.capetownfestival.co.za

5 Cape Town International Jazz Festival

Auf Südafrikas größtem Jazzfestival waren bereits Gino Vannelli, Randy Crawford, Ladysmith Black Mambazo und Themba Mkhize zu Gast. ✆ (021) 671 8716 • letztes Märzwochenende • www.capetownjazzfest.com

6 Stellenbosch Wine Festival

Die einwöchige Veranstaltung, bei der mehr als 500 Sorten von 100 Weingütern des Kaps präsentiert werden, lockt viele Weinliebhaber nach Stellenbosch. Auf dem Programm stehen Weinseminare, Kunsthandwerks-Workshops und Attraktionen für Kinder. ✆ Karte D2 • (021) 886 4310
• Jan/Feb • www.wineroute.co.za

7 Hermanus Whale Festival

In Hermanus findet Anfang Oktober das einwöchige Walfestival statt. Das Fest auf dem Marktplatz bietet Live-Musik,

Kaapse Klopse

Mehr über Hermanus siehe S. 95

»Eiermann«, Whale Festival, Hermanus

Top 10 Souvenirs

1 Scarab Paper
Das handgemachte Schreibpapier wird nach einem alten chinesischen Verfahren aus Elefantendung gefertigt.

2 Perlenarbeiten der Ndebele
In der Region Limpopo sind verschiedenste Hals- und Fußketten sowie Armbänder im typischen Stil der Volksgruppe der Ndbele erhältlich.

3 Korbwaren der Zulu
Südafrikas größte Ethnie fertigt kunstvolle Korbwaren.

4 Kerzen der Swazi
In Swasiland und Mpumalanga entstehen bunte Kerzen in interessanten Formen.

5 Amarula
Der Creme-Likör wird aus den mirabellenähnlichen Früchten des endemischen Marula-Baums hergestellt.

6 CDs
Jedes gute Musikgeschäft führt eine Auswahl an CDs, die mit der lebendigen südafrikanischen Musikszene bekannt machen.

7 Straußenleder
Aus der Haut der großen Vögel werden hochwertige Handtaschen gefertigt.

8 Mohairschals
Südafrikanische Mohairschals gelten als die besten und weichsten der Welt.

9 Wein
Weinkenner sparen beim Einkauf vor Ort erhebliche Summen. Arrangieren Sie den fachgerechten Versand der Flaschen in Ihre Heimat.

10 Afrikanische Kunst
Viele Läden verkaufen schöne afrikanische Masken, Schnitzarbeiten und Batiken, die vor allem nördlich des Limpopo gefertigt werden.

Sportveranstaltungen und die Möglichkeit der Beobachtung von Walen. ॐ Karte U5 • (028) 313 0928 • Okt • www.whalefestival.co.za

8 Cape Town Comedy Festival
Auf dem Festival, das seit 1997 stattfindet, treten einheimische und internationale Künstler auf. Veranstaltungsort ist das Cape Town International Convention Centre. ॐ Tickets: www.computicket. com oder (0861) 915 8000 • Sep • www. comedyfestival.co.za

9 Kirstenbosch Summer Sunset Concerts
Sonntags kann man bei Freiluftkonzerten auf den Rasenflächen des Botanischen Gartens den Sonnenuntergang genießen. Musikalisch ist für jeden Geschmack etwas dabei. ॐ Karte H2 • Rhodes Ave, Newlands • (021) 799 8783

10 Oude Libertas Summer Festival
Das Musikfestival auf dem historischen Anwesen Oude Libertas auf dem Papegaaiberg bietet ein vielfältiges Programm – von Kammermusik über Jazz bis zu *boeremusiek* (afrikaanser Folk) und vielen anderen Stilen. ॐ Stellenbosch • (021) 809 7380 • Dez–März • www. oudelibertas.co.za

STADTTEILE & REGIONEN

TOP 10 KAPSTADT

Links **Haupteingang, Castle of Good Hope** Rechts **Spazierweg in Gardens**

Zentrum von Kapstadt

DAS HISTORISCHE ZENTRUM *der ältesten Stadt Südafrikas wird im Norden von der Table Bay, im Süden vom Tafelberg begrenzt. Zwischen den Vierteln der Innenstadt City Bowl und den Bezirken an der Atlantikküste ragt der Signal Hill empor. Der Ruf Kapstadts als eines der bedeutenden kulturellen Zentren Afrikas gründet auf dem Reichtum an historischen Gebäuden, den exzellenten Museen, den vielen Kinos, Restaurants und Clubs sowie der leben-*

digen Atmosphäre. Der Blick auf den majestätischen Tafelberg, ob von den Wällen des Castle of Good Hope oder den Cafés an der V & A Waterfront, ist unbestrittener Glanzpunkt eines Zentrum-Besuchs.

Fassade des District Six Museum

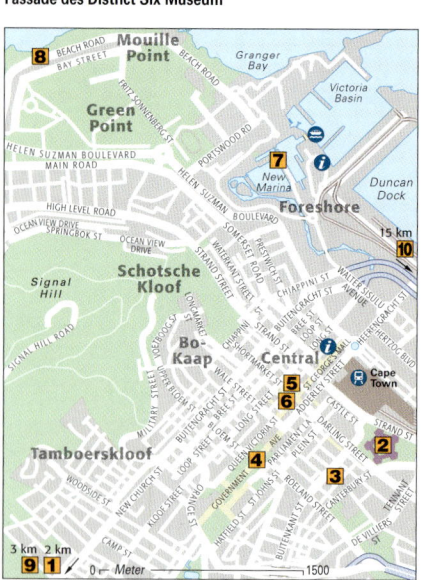

Attraktionen

1. **Tafelberg**
2. **Castle of Good Hope**
3. **District Six Museum**
4. **Gardens**
5. **Greenmarket Square**
6. **Iziko Michaelis Collection**
7. **V & A Waterfront**
8. **Beach Road**
9. **Camps Bay**
10. **Bloubergstrand**

Vorhergehende Doppelseite
Küste am Boulders Beach, Simon's Town

Tafelberg

Die rotierenden Kabinen der Seilbahn, die zu der Aussichtsplattform auf 1087 Metern Höhe fährt, bieten Rundumsicht über Kapstadts Zentrum bis zu den Hottentots-Holland-Bergen. Auf dem Plateau kann man auf vielen Fußwegen *Fynbos* und Fauna erkunden. Maclear's Beacon, der höchste Punkt des Tafelbergs, ist von der Gipfelstation der Seilbahn in einer Stunde zu erreichen. Abenteuerlustige wagen die 112 Meter lange, von Abseil Africa überwachte Abseilstrecke an der Westflanke über der Camps Bay *(siehe S. 18f).*

Castle of Good Hope

Der älteste Bau Kapstadts (1666–79), eine gut erhaltene Festung der VOC (Vereenigde Oostindische Compagnie), steht nach Landgewinnungsmaßnahmen nicht mehr direkt am Meer. Steinmetzarbeiten am Glockenturm und das Basrelief von Anton Anreith über dem Kat Balcony lockern die fünfeckige Anlage aus Schiefer und Sandstein auf. Die Burg bietet ein Militärmuseum und die William-Fehr-Kunstsammlung aus dem 19. Jahrhundert *(siehe S. 16f).*

District Six Museum

Das bewegende Museum widmet sich dem in der Zeit der Apartheid *(siehe S. 34f)* zerstörten District Six. Es ist in der Buitenkant Methodist Church ansässig, einem ehemaligen Zentrum der Anti-Apartheid-Bewegung, das 1988 geschlossen wurde. Ein großer, mit Anmerkungen versehener Plan des Viertels zu dessen multikultureller Blütezeit ist Herzstück des Museums. Andere Exponate bezeugen die Grausamkeit des Rassismus, der Südafrika fast ein halbes Jahrhundert lang beherrschte *(siehe S. 14f).*

Gardens

Der 1652 als Nutzgarten für die Versorgung von in der Table Bay ankernden Schiffen der VOC angelegte Park ist zugleich Botanischer Garten. Er liegt in der Innenstadt im Zentrum der sogenannten Museumsmeile. Im Hintergrund erhebt sich der Tafelberg. Gardens lädt zum Entspannen und Spazierengehen ein. Die Gebäude an den Grünflächen wie die Iziko Slave Lodge und das Iziko South African Museum & Planetarium lohnen einen Besuch *(siehe S. 8f).*

Seilbahn auf den Tafelberg

Live-Bild vom Tafelberg **www.capetown-webcam.com**

Iziko Michaelis Collection

5 Greenmarket Square

Der kopfsteingepflasterte Platz im Herzen der Altstadt diente der VOC (Vereenigde Oostindische Compagnie) als Sklavenmarkt (siehe S. 34). Der Name geht auf die spätere Nutzung als Obst- und Gemüsemarkt zurück. In den 1950er Jahren wurde das Areal zu einem Parkplatz umfunktioniert. Heute finden auf dem malerischen Gelände ein beliebter panafrikanischer Kunsthandwerksmarkt und Darbietungen jonglierender, tanzender, singender und schauspielernder Straßenkünstler statt. Viele der umliegenden historischen Gebäude beherbergen vornehme Restaurants und Cafés. ◉ Karte Q4

6 Iziko Michaelis Collection

Die weltbekannte Sammlung niederländischer und flämischer Alter Meister (16. bis 18. Jahrhundert) wurde der Stadt 1914 von Sir Max Michaelis ver-

Khoisan

Vor der Gründung Kapstadts durch van Riebeeck 1652 (siehe S. 34) war die westliche Kapregion jahrtausendelang von Khoisan sprechenden Völkern besiedelt. 200 Jahre später waren diese fast ausgestorben: Einige fielen Krankheiten, andere den Gewehren der Siedler zum Opfer. Die Verbliebenen wurden Teil der multi-ethnischen Gruppe der »Kapfarbigen«.

macht. Sie ist im Old Town House untergebracht, das bis 1905 als Rathaus diente. Das Gebäude ist eines der architektonischen Juwele Kapstadts. Der elegante Säulenvorbau mit drei Bogen und der schöne Glockenturm repräsentieren den frühen Rokokostil der Kapregion. ◉ Karte P4 • Greenmarket Square • (021) 481 3933 • Mo–Sa 10–17 Uhr • Eintritt • www.iziko.org.za

7 V&A Waterfront

Das renovierte Hafenviertel ist Kapstadts größtes Shopping-Areal. Hunderte Geschäfte – von Filialen von Ladenketten bis zu originellen Kunsthandwerksläden – liegen neben vielen Restaurants und zahlreichen Urlauberattraktionen wie dem Nelson Mandela Gateway. Veranstalter bieten Hafenrundfahrten und Helikopterflüge über den Tafelberg an (siehe S. 10f).

Leuchtturm in Green Point, Beach Road

  Im 17. Jahrhundert unterteilten die Europäer die Khoisan sprechenden Völker (Khoi) in die Gruppen Khokoi und San.

Häuser an der Küstenstraße, Camps Bay

Beach Road

8 Die Straße führt durch die Viertel Green Point und Sea Point unmittelbar westlich des Stadtzentrums. Sie verläuft entlang eines reizvollen Abschnitts der Atlantikküste. Auf dem Grünstreifen zwischen Straße und Meer fahren Anwohner Skateboard, joggen oder führen ihre Hunde spazieren. Vor allem bei Sonnenuntergang kann man hier wunderbar flanieren. Der Leuchtturm in Green Point ist der älteste Südafrikas. ✪ Karte K3

Camps Bay

9 Bei dem wunderschön zwischen Berg und Ozean gelegenen Camps Bay geht die Atlantikküste Kapstadts in unberührte Küstenlandschaft der Kap-Halbinsel über. Der hübsche Ort besitzt einen der schönsten Strände im Großraum Kapstadt. Am Wasser liegen mehrere Restaurants und Bars. ✪ Karte H1

Bloubergstrand

10 Der lange Sandstrand zwölf Kilometer nördlich des Zentrums bietet einen wunderbaren Blick auf Kapstadt: Im Vordergrund glitzert das Wasser der Table Bay, im Hintergrund erhebt sich der majestätische Tafelberg. Der Strand ist im Sommer bei Einheimischen beliebt, aber selten überfüllt. In dem kalten Wasser abseits der Küste sind in der entsprechenden Jahreszeit oft Delfine und Wale zu sehen. ✪ Karte B2

Ein Tag im Zentrum von Kapstadt

Vormittag

Besuchen Sie nach dem Frühstück die berührende Ausstellung im **District Six Museum** (siehe S. 14f). Gehen Sie die Buitenkant Road zurück zum **Castle of Good Hope** (siehe S. 16f). Machen Sie unterwegs halt, um die **City Hall** (siehe S. 17) zu betrachten, wo Nelson Mandela 1990 seine erste öffentliche Rede nach der Haftentlassung hielt. Nehmen Sie im Castle of Good Hope einen Imbiss im De Goeweneur Restaurant. Um 11 Uhr können Sie sich einer kostenlosen Führung anschließen, um 12 Uhr am Haupteingang das Abfeuern der Signalkanone beobachten. Besuchen Sie nun die beiden Museen der Festung oder essen Sie im De Goeweneur zu Mittag. Um 12.45 Uhr starten Pferdekutschen zu Touren durch das historische Kapstadt. Steigen Sie bei **Gardens** aus (siehe S. 8f).

Nachmittag

Hier bieten sich zahlreiche Alternativen für ein Mittagessen: Zu empfehlen ist bei schönem Wetter der Garden Tea Room gegenüber dem Vogelhaus, sonst das stimmungsvolle Crypt Jazz Restaurant in der **St George's Cathedral** (siehe S. 8). Schlendern Sie danach durch Gardens und besuchen Sie eines der Museen wie **National Gallery** (siehe S. 9) oder **Iziko Slave Lodge** (siehe S. 8). Sollten Sie Hunger verspüren, spazieren Sie zum **Mount Nelson Hotel** (siehe S. 112), um dort das fabelhafte Afternoon-Tea-Büfett zu genießen (14.30 – 17.30 Uhr), bevor Sie in Ihr Hotel zurückkehren.

Links **Bo-Kaap** Mitte **Instrument im Iziko Planetarium** Rechts **Iziko South African Museum**

TOP 10 Dies & Das

1 Iziko Planetarium
Das zentral gelegene Planetarium präsentiert in täglichen Vorführungen den faszinierenden südlichen Sternenhimmel. Urlauber, die den klaren, glänzenden Nachthimmel in der Karoo sehen möchten, bekommen hier einen Vorgeschmack *(siehe S. 9)*.

2 St George's Mall
Die Fußgängerzone im Herzen der Altstadt ist voller Marktstände und Straßenmusiker.
🔍 *Karte Q4–Q5*

3 Iziko South African Museum
Die Ausstellungen widmen sich überwiegend der Naturgeschichte, aber auch prähistorischen Felszeichnungen *(siehe S. 9)*.

4 South African Jewish Museum
Das faszinierende Museum in der ältesten Synagoge Südafrikas dokumentiert die Geschichte der jüdischen Bevölkerung. 🔍 *Karte P6 • Hatfield St • (021) 465 1546 • So–Do 10–17 Uhr, Fr 10–14 Uhr • Eintritt • www.sajewishmuseum.co.za*

5 Bo-Kaap
Die Heimat der Kapmalaien Bo-Kaap (Oberes Kap) ist für farbenfrohe Häuser bekannt. Ein kleines Museum widmet sich der Geschichte des Viertels *(siehe S. 51)*.
🔍 *Karte P4*

6 Gold of Africa Museum
Das Museum besitzt die weltweit größte Sammlung an Goldobjekten aus afrikanischen Königreichen. 🔍 *Karte P4 • 96 Strand St • (021) 405 1540 • Mo–Sa 9.30–17 Uhr • Eintritt • www.goldofafrica.com*

7 Signal Hill & Lion's Head
Der Aufstieg oder die Fahrt auf den Signal Hill sind äußerst lohnenswert. Bei Sonnenuntergang blickt man auf die funkelnden Lichter der Stadt. 🔍 *Karte M3*

8 Clifton Beach
Der dem Stadtzentrum nächstgelegene Strand ist an Wochenenden und Feiertagen gut besucht. 🔍 *Karte A2*

9 AVA Gallery
Die Galerie der Association for the Visual Arts widmet sich der Förderung zeitgenössischer südafrikanischer Kunst. Die Ausstellungen wechseln etwa alle drei Wochen. 🔍 *Karte P4 • 35 Church St • (021) 424 7436 • Mo–Fr 10–17 Uhr, Sa 10–13 Uhr • www.ava.co.za*

10 Iziko Bertram House Museum
Das in den 1980er Jahren renovierte georgianische Stadthaus birgt zehn Sammlungen, u.a. von zeitgenössischen Möbeln und Porzellan. 🔍 *Karte P6 • Orange St • (021) 481 3972 • Mo–Sa 10–17 Uhr • www.iziko.org.za*

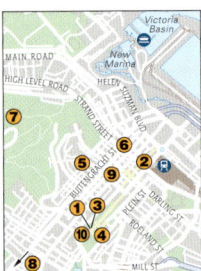

➡ *Mit der Go Cape Town Card ist der Eintritt in das South African Jewish Museum frei siehe S. 107*

Links **Folkloreschmuck, Greenmarket Square** Rechts **Victoria Wharf Mall, V & A Waterfront**

TOP 10 Läden, Malls & Märkte

1 V & A Waterfront
Die Waterfront bietet wunderbares Hafenflair sowie eine unvergleichliche Auswahl an Läden und Restaurants *(siehe S. 10f)*.

2 Long Street
Die Kult-, Handwerks- und Secondhand-Läden in der Long Street sorgen für ein schillerndes Shopping-Erlebnis. ✎ *Karte P5*

3 Pan African Market
Der Markt verfügt über ein hervorragendes Angebot an Kunsthandwerk aus ganz Afrika. Neben netten Cafés findet man hier auch einen Friseurladen und eine Schneiderei. ✎ *Karte Q4* • *76 Long St • (021) 426 4478*

4 Greenmarket Square
Der älteste Flohmarkt der Stadt beim Greenmarket Square ist äußerst lebendig. Im Angebot sind afrikanisches Kunsthandwerk sowie folkloristische Kleidung und Schmuck *(siehe S. 60)*.

5 Cape Quarter
Das Shopping-Center in dem schicken Vorort De Waterkant beherbergt auf Kunsthandwerk und Schmuck spezialisierte Läden. Es bietet außerdem mehrere Restaurants und Cafés. ✎ *Karte P3 • 72 Waterkant St • (021) 421 1111 • www. capequarter.co.za*

6 Gardens Shopping Centre
Die beliebteste Shopping Mall in der City Bowl beherbergt zahlreiche Boutiquen, aber auch einige Filialen von großen Ladenketten. ✎ *Karte P6 • Mill St • (021) 465 1842*

7 Neighbourgoods Market
Der Delikatessenmarkt an der wiederbelebten Old Biscuit Mill ist samstagvormittags ein beliebter Treffpunkt. Sonntags werden hier u. a. Vintage-Kleidung und -Möbel angeboten. ✎ *Karte I1 • Sa & So 9–14 Uhr*

8 Milnerton Flea Market
Sonntags, wenn es in anderen Malls und Märkten eher ruhig zugeht, lockt der Flohmarkt mit einem bunt gemischten Angebot. ✎ *Karte R3 • (021) 551 7879 • Sa, So & manche Feiertage*

9 Canal Walk
Shuttle-Busse bringen Besucher von den großen Hotels der Stadt zu diesem Komplex mit Läden, Kinos und Restaurants. Seine Größe ist mit der V & A Waterfront vergleichbar. ✎ *Karte R5 • (021) 529 9699* • *www.canalwalk.co.za*

10 Church Street Market
Die Stände bieten alte Bücher, Antiquitäten, Trödel, Vintage-Mode, Trachtenschmuck und Porzellan an. ✎ *Karte P4* • *Mo–Sa 9–16 Uhr*

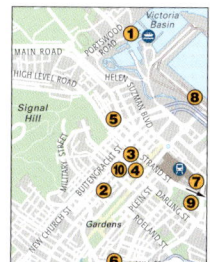

➡ *Führen Sie bei einem Besuch der Märkte nur die benötigte Menge Geld mit und seien Sie wachsam.*

Links **Kutschfahrt mit der Cape Town Carriage Company** Rechts **Weinprobe in Boschendal**

TOP 10 Geführte Touren & Tagesausflüge

1 Cape Town Carriage Company

Pferdekutschen fahren durch das historische Kapstadt vom Castle of Good Hope zu Gardens und den umliegenden Museen. *(021) 704 6908 • Abfahrt (nur mit Reservierung): 10.30, 12.45 & 14.45 Uhr*

2 Inverdoorn Game Reserve

Das faszinierende Schutzgebiet liegt zweieinhalb Autostunden von Kapstadt entfernt in der Karoo. Breitmaulnashörner zählen zu dem reichen Tierbestand. Es gibt viele Einrichtungen und Freizeitangebote *(siehe S. 43).*

3 Weinproben

Die von Kapstadt, Stellenbosch und Franschhoek aus angebotenen geführten Touren durch die Weinregion bieten die beste Möglichkeit, an Weinproben teilzunehmen *(siehe S. 105).*

4 Tagesausflug zum Kap der Guten Hoffnung

Geführte Touren zu Cape Point schließen einen Besuch der Pinguinkolonie in Boulders und Stopps an der Atlantikküste ein.

5 District-Six- & Township-Touren

Die Touren zum District Six Museum, nach Bo-Kaap und in die Townships Langa und Khayelitsha beinhalten Lunch in einem Lokal oder einer *shebeen* (Bar). Cape Capers bietet mehrere Optionen. *Cape Capers: (021) 448 3117; www. tourcapers.co.za*

6 Robben Island

Die geführte Besichtigung von Robben Island, zu der auch die Bootsfahrt vom Nelson Mandela Gateway an der V & A Waterfront gehört, ist vermutlich der beliebteste Tagesausflug von Kapstadt aus *(siehe S. 12f).*

7 Bootsfahrten mit Wal- & Delfinbeobachtung

Bei Ausflügen in die Table Bay sollte die See ruhig sein. Kioske an der V & A Waterfront nehmen Buchungen entgegen. Wale sieht man in der Table Bay jedoch seltener als in Hermanus.

8 Klippenspringen

Das Springen von Felsklippen in Becken der Bergbäche in der Weinregion ist ein besonderes Abenteuer. Tagesausflüge beinhalten die Wanderung zu den Klippen *(siehe S. 49).*

9 Helikopterflüge über die Table Bay

An der V & A Waterfront bieten mehrere Veranstalter Helikopterflüge an, die eine fantastische Sicht auf den Tafelberg und Kapstadt garantieren *(siehe S. 48).*

10 Tageswanderung auf den Tafelberg

Erfahrene Wanderer schätzen die Routen auf den Tafelberg. Die Begleitung eines kundigen Führers ist insbesondere bei unsicherer Witterung zu empfehlen. *Cape Eco-Tours: (021) 919 2282; www. cape-ecotours.co.za*

Ashworth Africa veranstaltet Touren & Tagesausflüge
www.ashworthafrica.com

Links **Grand Café and Beach** Mitte **Bascule Bar** Rechts **Joburg Bar**

⭐🔟 Bars & Cafés

1 Joburg Bar
Die Joburg Bar in der Long Street zieht Partygäste an und ist wegen der erschwinglichen Getränke und der mitreißenden Musik beliebt. ✪ Karte P5 • 218 Long St • (021) 422 0142

2 Asoka
Die stilvolle Bar in einem eleganten viktorianischen Stadthaus lockt mit köstlichen Cocktails und leckeren Tapas. ✪ Karte N6 • 68 Kloof St • (021) 422 0909

3 Grand Café and Beach
Das Café bietet von der Terrasse am eigenen Privatstrand einen umwerfenden Blick aufs Meer. ✪ Karte P1 • Haul Road, Granger Bay • (021) 425 0551

4 Bascule Whisky, Wine & Cocktail Bar
Die größte Whisky-Auswahl Südafrikas, Abende mit Whisky-Proben (24 Stunden vorher reservieren), eine gute Weinkarte und frisch gezapftes Bier sind die Pluspunkte der Bar an der Waterfront. ✪ Karte Q2 • Cape Grace, V&A Waterfront • (021) 410 7082

5 Ferrymans Tavern
In dem viktorianischen Lagerhaus kann man bei frisch gezapftem Bier Pub-Atmosphäre genießen. Es gibt auch Tische im Freien. ✪ Karte P2 • Dock Rd, V&A Waterfront • (021) 419 7748

6 Sky Bar & Daddy Cool
Die Sky Bar befindet sich auf der Dachterrasse des Grand Daddy Hotel, zu dessen Unterkünften auch sieben Wohnwagen zählen. Die Bar Daddy Cool im Erdgeschoss ist tatsächlich cool, wenn auch ein wenig kitschig eingerichtet. ✪ Karte P4 • 38 Long St • (021) 424 7247

7 Beerhouse on Long
Gäste finden hier die wohl größte Bierauswahl Kapstadts in besonders entspannter Atmosphäre. ✪ Karte P5 • 223 Long Street • (021) 424 3370

8 Neighbourhood Restaurant, Bar & Lounge
Die Gastro-Bar bietet ein Spielezimmer, Sportübertragungen auf großen Bildschirmen und einen Balkon zur Long Street. ✪ Karte P4 • 163 Long Street • (021) 424 7260

9 The Sidewalk Cafe
Hier kann man entspannt frühstücken, zu Mittag oder zu Abend essen und einen Drink genießen. ✪ Karte H1 • 33 Derry St, Vredehoek • (021) 461 2839

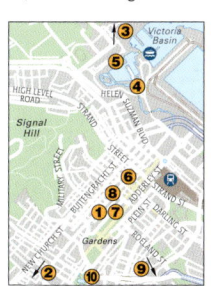

10 Planet
In dieser Bar im Mount Nelson Hotel trifft man sich nach der Arbeit oder auf einen Drink vor dem Dinner. Tische gibt es auch in der gepflegten Außenanlage. ✪ Karte P6 • 76 Orange St • 021 483 1948

➡ *Weitere Restaurants in Kapstadt und Umgebung*
www.dining-out.co.za

Links **Musiker, Mama Africa** Mitte **Zula Sound Bar** Rechts **Für Feinschmecker, Shimmy Beach Club**

TOP 10 Live-Musik & Clubs

1 Mama Africa
Das Bar-Restaurant mit zeitgenössischer afrikanischer Einrichtung serviert zu traditioneller Musik panafrikanische Speisen. *Karte P5 • 178 Long St • (021) 426 1017*

2 Zula Sound Bar
Im beliebten Long-Street-Club gibt es oft Live-Musik – von südafrikanischem und internationalem Rock bis zu Akustik-Sessions. *Karte P5 • 98 Long St • (021) 424 2442 • www.zulabar.co.za*

3 DecoDance
In keinem Club in Kapstadt ist mehr los als hier. Hier spielt man Rock und Pop aus den 1960er bis 1990er Jahren. Einmal pro Monat gibt es eine Themenparty. Einlass ist erst ab 22 Jahren. *Karte L3 • 120 Main Rd, Sea Point • (021) 433 2912*

4 The Assembly
Der Spitzenclub für Underground-Musik präsentiert einheimische und internationale Bands. *Karte Q5 • 61 Harrington St • (021) 465 7286*

5 ThirtyOne Cape Town
Der Mitzwanziger-Club bietet das Kapstadt-Panorama. Samstags wird nur eingelassen, wer reserviert oder eine Einladung hat. *Karte Q4 • 31. Etage, ABSA Centre, 2 Riebeek St • (021) 421 0581*

6 Shimmy Beach Club
Der angesagte Live-Club ist tagsüber etwas für Feinschmecker. Von der Terrasse am Strand trübt nichts den Blick auf den Atlantischen Ozean. *Karte R1 • South Arm Rd, V&A Waterfront • (021) 200 7778 • www.shimmybeachclub.com*

7 Fiction DJ Bar & Lounge
Einheimische DJs sorgen donnerstag- bis sonntagabends mit unterschiedlichen Stilrichtungen für pulsierende Atmosphäre. Die Tanzfläche ist klein. *Karte P5 • 226 Long St • (021) 424 5709*

8 The Concept Cape Town
Ein wenig abseits der angesagten Long Street bietet der gehobene Club drei Tanzflächen unter einem Dach. *Karte P5 • 6 Pepper St • (079) 893 8137 • www.theconceptct.co.za*

9 Crew Bar
In der gestylten, lebhaften Schwulenbar mit Tanzfläche, VIP-Bar und Veranden gibt es attraktive Bedienungen und es treten Musiker aus der Region auf. *Karte P3 • 30 Napier St, Green Point • (021) 418 0118*

10 Dizzy's
In dieser Bar spielen Bands Cover-Versionen. Nach den Konzerten sorgen DJs für Musik. *Karte N6 • 39 & 41 The Drive, Camps Bay • (021) 438 2686 • www.dizzys.co.za*

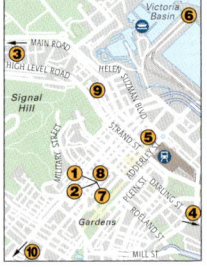

Die meisten der hier genannten Clubs kündigen Live-Auftritte auf ihren Websites an.

Links **Vorstellung im Artscape Theatre Centre** Rechts **Madame Zingara's Theatre of Dreams**

Theater & Unterhaltung

1 Artscape Theatre Centre
Kapstadts bedeutendste Bühne für darstellende Kunst präsentiert Ballett, Oper und Cabaret. ⬩ *Karte R4 • D. F. Malan St • (021) 410 9800 • www.artscape.co.za*

2 Labia Cinema
Das nach Prinzessin Labia benannte Programmkino zeigt vorzugsweise anspruchsvolle Filme. ⬩ *Karte P6 • 68 Orange St • (021) 424 5927 • www.thelabia.co.za*

3 Little Theatre
Das Schauspielseminar der University of Cape Town (UCT) bringt im 230 Zuschauer fassenden Little Theatre häufig Produktionen von Studenten auf die Bühne. ⬩ *Karte P6 • 37 Orange St • (021) 480 7129 • www.littletheatre.uct.ac.za*

4 GrandWest
Der größte Vergnügungstempel seiner Art in Südafrika – mit Theater, Eislaufbahn, Kinos und einem Casino – bietet rund um die Uhr Spaß, Unterhaltung und viel für das leibliche Wohl. ⬩ *Karte B2 • Vanguard Dr, Goodwood • (021) 505 7777*

5 City Hall
Die im Stil der italienischen Renaissance erbaute City Hall ist die Hauptspielstätte des Cape Philharmonic Orchestra. ⬩ *Karte Q5 • Darling St • www.cpo.org.za*

6 Madame Zingara's Theatre of Dreams
In einem prächtigen barocken Zelt erleben die Gäste Dinner-Theater der besonderen Art. ⬩ *Karte P1 • V&A Waterfront • (021) 423 1254 • www.madamezingara.com*

7 Theatre on the Bay
Stand-up-Comedy, Musicals und possenhafte Komödien stehen auf dem Programm des reizenden Theaters. ⬩ *Karte G1 • 1A Link St, Camps Bay • (021) 438 3300 • www.theatreonthebay.co.za*

8 Kirstenbosch Summer Sunset Concerts
Auf den Freiluftkonzerten (Rock bis Big Band) im wunderschönen Botanischen Garten kann man bei Sonnenuntergang picknicken. ⬩ *Karte H2 • Rhodes Ave, Newlands • (021) 761 2866*

9 Baxter Theatre
Das Baxter ist eines der innovativsten Theater der Stadt. In den 1980er Jahren stellte es sich offen gegen die Apartheid. ⬩ *Karte J1 • (021) 685 7880 • Main Rd, Rondebosch • www.baxter.co.za*

10 The Fugard
Das nach Athol Fugard, dem bekanntesten lebenden Dramatiker Südafrikas benannte Theater steht im historischen District Six. ⬩ *Karte Q5 • 7 Caledon St • (021) 461 4554 • www.thefugard.com*

Die Ausgaben von Mail & Guardian für die Kapregion geben Aufführungen von alternativer Musik und Theater bekannt.

Links **Sevruga** Mitte **Den Anker Bar and Restaurant** Rechts **Belthazar**

TOP10 Restaurants – V&A Waterfront

1 Willoughby & Co
Seafood ist die Spezialität des Lokals an der Victoria Wharf. Sushi und die Auswahl an offenen Weinen sind bemerkenswert.
⊗ *Karte Q1 • (021) 418 6115 • RRRRR*

2 Nobu
Nobu ist eine außergewöhnliche kulinarische Erfahrung in exklusivem Ambiente. Japanische Klassiker erhalten hier einen modernen Touch. Der Kabeljau mit Miso ist ein Meisterwerk. ⊗ *Karte P2 • One&Only Hotel, V&A Waterfront • (021) 431 4511 • RRRRR*

3 Sevruga
Die abwechslungreiche Speisekarte führt sehr gute Gerichte, die lange Weinkarte enthält vorwiegend regionale Erzeugnisse. Das Personal ist stets freundlich, wenngleich zuweilen etwas zu leger. ⊗ *Karte Q5 • Shop 4, Quay 5 • (021) 421 5134 • RRRRR*

4 Baia Seafood Restaurant
Seafood, Wild, Fleisch und Geflügel werden in dem stylish eingerichteten Restaurant erstklassig zubereitet. Die Terrasse bietet Blick auf den Tafelberg.
⊗ *Karte Q1 • (021) 421 0935 • RRRRR*

5 Den Anker Bar and Restaurant
Die großartige Lage am Wasser und die hohen Räume zeichnen das Restaurant aus. Serviert werden belgische Spezialitäten wie Muscheln, Kaninchen und Bier.
⊗ *Karte P2 • (021) 419 0249 • RRR*

6 Belthazar Restaurant & Wine Bar
Das auf Fleisch und Geflügel spezialisierte Steakhouse ist mehrfach preisgekrönt. Es besitzt angeblich die weltweit längste Karte mit offenen Weinen.
⊗ *Karte Q1 • (021) 421 3753 • RRRRR*

7 Panama Jacks
Das Restaurant an den Docks von Kapstadt ist ein echtes Erlebnis. In großen Meerwassertanks können sich die Gäste ihren Hummer oder ihre Seeohren aussuchen. Kommen Sie mit dem Taxi. ⊗ *Karte Q2 • Quay 500 • (021) 448 1080 • RRRR*

8 Quay Four
Hier hat man die Wahl. The Tavern am Wasser bietet Pub-Gerichte an Tischen und Bänken aus Holz. Wer Wert auf Eleganz legt, sollte im Upstairs essen.
⊗ *Karte P1 • (021) 419 2008 • RRRR*

9 Greek Fisherman
Seafood und Fleisch vom Holzkohlegrill verdankt das lebhafte Lokal seine vielen Stammgäste. Es gibt auch Sushi, Cocktails und eine schöne Aussicht.
⊗ *Karte Q1 • Victoria Wharf, V&A Waterfront • (021) 418 5411 • RRRRR*

10 The Quarterdeck
Das Lokal serviert kapmalaiische, malaysische, indonesische und südafrikanische Gerichte. Das Drei-Gänge-Menü »Chef's Feast« ist sehr zu empfehlen.
⊗ *Karte P2 • (021) 418 3281 • RRRR*

Preiskategorien

Preis für ein Drei-Gänge-Menü pro Person mit einer halben Flasche Wein, inkl. Steuern und Service.

R	unter 150 R
RR	150–200 R
RRR	200–250 R
RRRR	250–300 R
RRRRR	über 300 R

Savoy Cabbage

🔝10 Restaurants

1 Planet Restaurant
Das elegante Mount Nelson Hotel zählt zu den altehrwürdigen Hotels in Kapstadt. Sternförmige Kristallkronleuchter hängen an der Decke. Internationale Gerichte mit südafrikanischer Note befriedigen auch anspruchsvollste Gaumen. ✎ *Karte P6 • 76 Orange St • (021) 483 1000 • RRRRR*

2 Savoy Cabbage
Moderne Einrichtung, historisches Ambiente und die einfallsreiche Küche machen das Savoy Cabbage zu einem der angesagtesten Restaurants. ✎ *Karte P4 • 101 Hout St • (021) 424 2626 • RRRRR*

3 Aubergine
Die Seafood-, Fleisch- und vegetarischen Gerichte lassen Einflüsse aus Afrika, Asien und Europa erkennen. ✎ *Karte P6 • 39 Barnet St, Gardens • (021) 465 0000 • RRRRR*

4 Bukhara
Kapstadts führendes indisches Restaurant bietet eine gute Auswahl für Vegetarier. ✎ *Karte Q5 • 33 Church St • (021) 4240000 • RRRRR*

5 Beluga
Im Geschäftsviertel Green Point serviert das Beluga Grillgerichte, Seafood und erstklassiges Sushi. ✎ *Karte H1 • The Foundry, Prestwich St • (021) 418 2948 • RRR*

6 Africa Café
Beim abendlichen Büfett mit panafrikanischen Speisen kann man die verschiedenen Aromen des Kontinents kosten. ✎ *Karte P4 • 108 Shortmarket St • (021) 422 0221 • RRRRR*

7 Haiku
Exotische asiatische Gerichte im Tapas-Stil laden zum Probieren ein. Die offene Küche erlaubt den Blick auf die Künstler am Herd. ✎ *Karte P4 • 58 Burg St • (021) 424 7000 • RR*

8 Cape Malay Food Market
Das Lokal im angesagten Cape Quarter ist für würzig-aromatische Currys bekannt. Das Personal ist freundlich, die Atmosphäre locker. ✎ *Karte P3 • 72 Waterkant St, Green Point • (021) 418 2299 • RR*

9 Blues
Das Lokal – seit Jahren eine feste Größe in der Camps Bay – bietet innovative Fleischgerichte und Seafood mit italienischem Touch. ✎ *Karte N6 • The Promenade, Victoria Rd, Camps Bay • (021) 438 2040 • RRRRR*

10 Royale Eatery
Hier kann man seinen Gourmet-Burger aus 50 Variationen auswählen. Dies sorgt regelmäßig für großen Andrang. ✎ *Karte P5 • 273 Long St • (021) 422 4536 • RR*

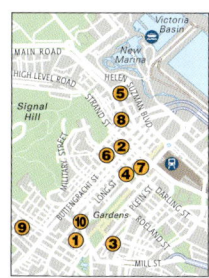

➡ *Weitere Restaurants in Kapstadt & in der Region*
siehe S. 52f, S. 75, S. 81, S. 90f & S. 99

Links **Weingut Steenberg** Rechts **Baracken vor Neubauten in der Township Langa**

Süden von Kapstadt

DIE HAUPTATTRAKTIONEN *der Vororte Kapstadts befinden sich in dem von exklusiven Wohnanlagen geprägten Grüngürtel, der sich vom Zentrum aus in südlicher Richtung erstreckt. Er wird im Westen vom Tafelberg flankiert, im Osten liegen die Cape Flats. Naturliebhaber können in Kirstenbosch und Tokai in malerischer Landschaft spazieren gehen. Die Anwesen entlang der*

Constantia Wine Route sind ebenso einladend wie die weiter verstreut liegenden Weingüter rund um Stellenbosch. Das Irma Stern Museum ist für Kunstinteressierte ein kulturelles Highlight, die Sportarten Cricket und Rugby locken viele Fans in die Stadien in Newlands.

Proteablüten im Kirstenbosch National Botanical Garden

Attraktionen

1 Rhodes Memorial
2 Irma Stern Museum
3 Rugby- & Cricket-Stadien, Newlands
4 Kirstenbosch National Botanical Garden
5 Groot Constantia
6 Klein Constantia
7 Tokai Plantation & Arboretum
8 Weingut Buitenverwachting
9 Weingut Steenberg
10 Townships der Cape Flats

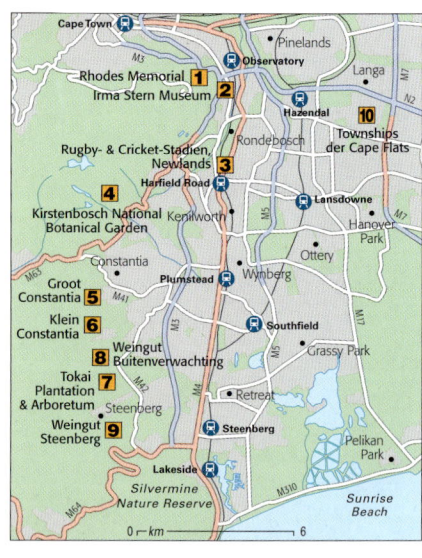

Rhodes Memorial

Rhodes Memorial

Das Denkmal für Cecil John Rhodes *(siehe S. 35)*, einst Premierminister der Kapregion und Gründer Rhodesiens (heute Simbabwe und Sambia), steht auf einem Aussichtspunkt unter dem Devil's Peak. Der Blick über die Cape Flats ist eindrucksvoll. Dorische Säulen und Steinlöwen nach Vorbild der Nelson's Column in London verleihen dem Denkmal klassizistische Züge. ◈ *Karte H1*
• *(021) 687 0000* • *Restaurant: tägl. 9– 17 Uhr* • *www.rhodesmemorial.co.za*

Irma Stern Museum

Das 1971 eröffnete Museum ist in dem Haus untergebracht, in dem die vielseitige Künstlerin bis zu ihrem Tod 1966 lebte. Die impressionistischen Werke der in Deutschland ausgebildeten Malerin erzielten international Anerkennung, die Idealisierung afrikanischer Sujets sorgte in der Heimat für Kontroversen. Neben Bildern ist Sterns Sammlung afrikanischen Kunsthandwerks zu sehen, z. B. ein kongolesischer Stuhl (frühes 20. Jh.). ◈ *Karte H1*
• *Cecil Rd, Rosebank* • *(021) 685 5686* • *Di–Fr 10–17 Uhr, Sa 10–14 Uhr* • *Eintritt*
• *www.irmastern.co.za*

Rugby- & Cricket-Stadien, Newlands

Das erste Rugby-Spiel in Newlands fand 1891 statt. Die Mehrzweckarena für 51 900 Zuschauer ist Spielstätte einer der südafrikanischen Mannschaften der Super-Rugby-Liga *(siehe S. 46)*. Der nahe, vom Tafelberg überragte Newlands Cricket Ground ist malerisch gelegen. ◈ *Karte I2*

Kirstenbosch National Botanical Garden

Der schönste Botanische Garten Südafrikas erstreckt sich an den östlichen Hängen des Tafelbergs. Er ist reich an Flora und an für die westliche Kapregion charakteristischen Vogelarten. Die Fußwege sind für Rollstühle geeignet. Besucher können auch zu den oberen, mit *Fynbos* bedeckten Hanglagen des Tafelbergs steigen *(siehe S. 20f)*.

Atelier im Irma Stern Museum

Groot Constantia

Südafrikas ältestes Weingut liegt in dem Vorort Constantia an der Westseite des Tafelbergs. Die Verkostung der preisgekrönten Weine lohnt ebenso den Besuch des Anwesens wie das stattliche Manor House *(siehe S. 22f)*.

Klein Constantia

Auf dem Teil des ursprünglichen Anwesens van der Stels wird vermutlich der beste Wein Constantias erzeugt. Der Vin de Constance verdient besondere Beachtung: Er ist Nachfolger des unbehandelten, süßen Dessertweins, den einst Napoléon Bonaparte sehr schätzte. ✆ *Karte H2* • *Klein Constantia Rd* • *(021) 794 5188* • *Weinproben: Mo–Sa 10–17 Uhr, So 10–16 Uhr (Sommer: Sa bis 16.30 Uhr, So geschl.)* • *www.kleinconstantia.co.za*

Tokai Plantation & Arboretum

Der von Kiefern geprägte Wald im Table Mountain National Park birgt auch ein viktorianisches Arboretum. In dem bei Vogelbeobachtern beliebten Gebiet leben Bergbussarde und Blassuhus. ✆ *Karte H3* • *Tokai Rd, Tokai* • *(021) 712 7471* • *tägl. 8–16 Uhr* • *Eintritt* • *www.sanparks.org*

Weingut Buitenverwachting

Das kapholländische Gut (18. Jh.) am Constantiaberg wurde in Anspielung auf die 1825 von Ryk

Weingut Buitenverwachting

Manor House Museum, Groot Constantia

Cloete geerntete Menge von 100 Tonnen Trauben »Über Erwartung« genannt. Aushängeschild ist eine dem Bordeaux ähnliche Cuvée, es werden auch unverschnittene Rot- und Weißweine produziert. Zum Anwesen gehört ein Restaurant. ✆ *Karte H3* • *Klein Constantia Rd, Constantia* • *(021) 794 5190* • *Weinproben: Mo–Fr 9–17 Uhr, Sa 9–13 Uhr* • *www.buitenverwachting.co.za*

Weingut Steenberg

Das Gut auf der ältesten Farm im Constantia Valley wurde im Jahr 1682 von Catharina Ras unter dem Namen Swaaneweide gegründet. Später wirkte der über dem Gut aufragende Steenberg (Steinberg) namensgebend. Unter den prämierten Weinen stechen ein Sauvignon Blanc Reserve und der Steenberg Catharina Red hervor. Dem Anwesen ist auch ein Turniergolfplatz angegliedert. ✆ *Karte H3* • *Steenberg Rd* • *(021) 713 2211* • *Weinproben: tägl. 10–17.55 Uhr; Weinkeller-Führungen: nach tel. Voranmeldung* • *www.steenberg-vineyards.co.za*

Townships der Cape Flats

Bis in die 1940er Jahre war die sandige Ebene im Osten der Halbinsel fast unbesiedelt. Durch Zwangsumsiedlung Farbiger aus den dann Weißen vorbehaltenen Vororten entstanden Townships wie Khayelitsha, Langa und Gugulethu. Die Armut dort ist noch immer sehr groß. ✆ *Karte I1*

Mehr über das Constantia Valley **www.constantiavalley.com**

Jonkershuis Restaurant

TOP 10 Restaurants

1 Myoga
Das Myoga bietet innen Art-déco-Flair, man kann aber auch draußen im Grünen mit dem Tafelberg am Horizont speisen. Die Gerichte sind ein Mix östlicher und westlicher Küche. *Karte H2 • The Vineyard Hotel, 60 Colinton Rd, Newlands • (021) 657 4545 • RRRRR*

2 The Cape Malay Experience
Kapstadts führendes kapmalaiisches Restaurant liegt im historischen Hotel The Cellars-Hohenort. *Karte H2 • 93 Brommersvlei Rd, Constantia • (021) 794 2137 • RRRRR*

3 Jonkershuis Restaurant
Das gemütliche Restaurant in Groot Constantia bietet gute kapmalaiische Küche. Das Büfett am Abend ist preiswerter als die Mittagsgerichte. *Karte H2 • Groot Constantia • (021) 794 6255 • RRRR*

4 Magica Roma
Nur wer einen Tisch reserviert, kann hier italienische Gerichte genießen, die das Herz wärmen und den Geldbeutel schonen. *Karte I1 • 8 Central Sq, Pinelands • (021) 531 1489 • RRRR*

5 Buitenverwachting Restaurant
Die Küche des preisgekrönten Restaurants in der Weinregion kombiniert europäische und südafrikanische Einflüsse. Picknickkörbe sollten vorbestellt werden. *Karte H2 • Buitenverwachting, Klein Constantia Rd • (021) 794 3522 • RRRRR*

6 The Raj
Das beliebte Restaurant serviert nordindische Gerichte, u. a. Klassiker wie Chicken Vindaloo und Butter Chicken. *Karte H2 • Shop 17, Old Village, Constantia Shopping Centre • (021) 794 6546 • RRR*

7 Moyo Kirstenbosch
Das Restaurant liegt günstig im Kirstenbosch National Botanical Garden. Neben vollständigen Gerichten sind gefüllte Pfannkuchen und Sandwiches erhältlich. Picknickkörbe müssen vorbestellt werden *(siehe S. 20)*.

8 Constantia Uitsig Restaurant
Zu südafrikanischen und italienischen Gerichten werden die auf dem Gut produzierten renommierten Weine gereicht. *Karte H2 • Constantia Uitsig, Spaanschemat River Rd • (021) 794 4480 • RRRRR*

9 La Colombe
Das Restaurant in einem kapholländischen Gebäude ist eine Institution in Uitsig. Die Speisen der französischen und der Fusionsküche sowie die Weine aus Frankreich und vom Kap sind erstklassig. *Karte H2 • Constantia Uitsig, Spaanschemat River Rd • (021) 794 2390 • RRRRR*

10 Bistro Sixteen82
Bistro- und Tapas-Gerichte sorgen für ein entspanntes Mahl zu einem vernünftigen Preis. *Karte H3 • Steenberg, Steenberg Rd, Tokai • (021) 713 2211 • RRRR*

Weitere Restaurants in Kapstadt und in der Region siehe S. 52f, S. 68f, S. 81, S. 90f & S. 99

Links **Fischerboote im Hafen, Hout Bay** Rechts **Blick auf Hout Bay vom Chapman's Peak Drive**

Kap-Halbinsel

DIE GEBIRGIGE KAP-HALBINSEL *erstreckt sich von Kapstadt gen Süden bis nach Cape Point. Im Westen liegt der offene Atlantik, im Osten die False Bay. Malerische Dörfer, Sandstrände und hübsche Seebäder bedecken zwei Drittel der Küstenlinie im Norden der Halbinsel. Der zerklüftete Bergkamm ist über weite Strecken unbewohnt. Er bietet eine intakte Fynbos-Vegetation zwischen einzelnen Waldgebieten. Der Großteil der Halbinsel gehört zum Table Mountain National Park. Die Einwohner Kapstadts schätzen die fantastischen Naturerlebnisse und die vielfältigen Freizeitaktivitäten, die das Schutzgebiet ermöglicht. Die Schönheit der Kap-Halbinsel kann man vermutlich ein ganzes Leben lang erkunden. Besucher können sowohl am Cape of Good Hope (siehe S. 26f), bei der unterhaltsamen Pinguinkolonie am Boulders Beach bei Simon's Town als auch an den bezaubernden Stränden in Muizenberg, Noordhoek und Fish Hoek sicher unvergessliche Ferientage verbringen.*

Rote Ibisse, World of Birds

TOP 10 Attraktionen

1. Rondevlei Nature Reserve
2. Muizenberg
3. Fish Hoek
4. Simon's Town & Boulders Beach
5. Township Imizamo Yethu
6. Noordhoek
7. Cape of Good Hope
8. Chapman's Peak Drive
9. Hout Bay & Seal Island
10. World of Birds

Strandurlauber in Fish Hoek

1 Rondevlei Nature Reserve

Rondevlei, das schönste Vogelschutzgebiet in Kapstadt und Umgebung, liegt eine kurze Autofahrt nördlich von Muizenberg. Hier können 230 Arten von Meeres- und Süßwasservögeln erspäht werden. Ein kurzer Fußweg verbindet die Verstecke der Vögel. Es gibt zahlreiche Lappentaucher, Rallen, Reiher und Möwen. 1982 wurden Flusspferde angesiedelt. ❧ *Karte I3 • Perth Rd, Rondevlei • (021) 706 2404 • tägl. 7.30–17 Uhr (Dez–Feb: Sa & So bis 19 Uhr) • Eintritt • www.rondevlei.co.za*

2 Muizenberg

In dem Ort an der False Bay errichteten die Magnaten der Witwatersrand-Goldader Villen am Meer. Muizenberg ist heute weniger glanzvoll, bietet aber historische Sehenswürdigkeiten wie das im Jahr 1742 als Zollhaus errichtete Het Posthuys, die Festungsmauer – ein Relikt der britisch-niederländischen Schlacht von Muizenberg im Jahr 1795 –, den edwardianischen Bahnhof und das Museum in Rhodes Cottage, wo Cecil John Rhodes 1902 starb. Der weite, geschützte Strand ist ein Schwimm- und Surf-Paradies. ❧ *Karte I3*

3 Fish Hoek

Das idyllische Dorf Fish Hoek liegt an der Mündung des Silvermine zwischen Muizenberg und Simon's Town. Der Strand ist einer der sichersten und dank des warmen Wassers angenehmsten der Halbinsel. Der Jager's Path, der von Süden auf den Klippen verläuft, bietet gute Aussichtspunkte für die Walbeobachtung. In den Bergen über der Stadt liegt Peers Cave, eine der bedeutendsten archäologischen Stätten Südafrikas und nationales Wahrzeichen. Sie enthält 11 000 Jahre alte Zeugnisse menschlicher Besiedelung. ❧ *Karte H4*

4 Simon's Town & Boulders Beach

Simon's Town dient seit mehr als 200 Jahren als Marinebasis. Die viktorianischen Fassaden in der auch als Historic Mile bekannten St George's Street tragen zum historischen Flair der Stadt bei. Der viktorianische Bahnhof ist die südliche Endhaltestelle einer der schönsten S-Bahn-Strecken der Welt, die entlang der Küste der False Bay nach Muizenberg führt. Die Pinguinkolonie am Boulders Beach südlich der Stadt ist eine große Attraktion *(siehe S. 24f)*.

Strand in Muizenberg

Mehr über Fish Hoek **www.fishhoek.com**

Kapflora

Capensis (Kapflora) ist das kleinste der sechs Florenreiche der Erde. Die Bezeichnung der einzigartigen Vegetationsform *Fynbos* – »feingliedriges Gebüsch« – rührt von den schmalen Blättern vieler Pflanzen. Das artenreiche Gebiet ist UNESCO-Welterbe. Die Kap-Halbinsel besitzt mehr standortheimische Arten als etwa die gesamten Britischen Inseln.

Baracken am Berghang, Imizamo Yethu

Township Imizamo Yethu

In der Sprache isiXhosa bedeutet der Name »Durch gemeinsame Anstrengung«. Die kleine Township am Stadtrand von Hout Bay entstand nach dem Ende der Apartheid in den 1990er Jahren. Die malerische Lage über dem Hafen steht in starkem Kontrast zu den harten Lebensbedingungen der 25 000 Einwohner. Township Tours SA organisiert Besichtigungen von Imizamo Yethu.
Karte G2 • Township Tours SA: (083) 719 4870; tägl. 10.30 Uhr, 13 Uhr & 16 Uhr

Noordhoek

Noordhoek ist der schönste Strand der Kap-Halbinsel. Der malerische weiße Sandstreifen erstreckt sich vom Fuß des Chapman's Peak nach Kommetjie. Er lädt zu Spaziergängen und zur Vogelbeobachtung ein. Zuweilen ist hier der gefährdete Klippen-Austernfischer zu sehen. Noordhoek ist auch ein beliebtes Reitgebiet *(siehe S. 46)*. *Karte G3*

Cape of Good Hope

Das Schutzgebiet ist landschaftlicher Höhepunkt der Kap-Halbinsel. Es ist wichtiger Lebensraum für die einzigartige *Fynbos*-Vegetation und Tiere wie Elenantilopen und den endemischen Buntbock. Rooikrans, Gifkommetjie und Cape Point bieten atemberaubende Aussicht *(siehe S. 26f)*.

Chapman's Peak Drive

Die zwischen 1915 und 1922 angelegte Straße ist nach dem darüber aufragenden Berggipfel benannt. Sie wurde aus einem Band weichen Schiefers in der beinahe senkrechten Klippenwand zwischen Hout Bay und Noordhoek geschlagen. Von den Parkplätzen an der Strecke kann man den Atlantischen Ozean an den Fuß der Klippen branden sehen. *Karte G3 • aktuelle Straßenverhältnisse: (021) 791 8222 • Maut • www.chapmans peakdrive.co.za*

Noordhoek

Hout Bay & Seal Island

9 Der kleine betriebsame Hafen von Hout Bay ist Startpunkt für Bootsausflüge nach Seal Island. Der flache Granitfelsen liegt sechs Kilometer vor der Küste. An den Ufern der Felsinsel lebt die mit 75 000 Tieren größte Kolonie Südafrikanischer Seebären. Besucher dürfen die Insel nicht betreten, von den Booten aus kann man jedoch viele Seebären beobachten und zudem Meeresvögel wie Klippen-Austernfischer und Brillenpinguine sehen. Seal Island beherbergt auch Brutkolonien dreier verschiedener Kormoranarten.
Karte G3 • Hout Bay • Touren: stündl.

Seebären auf Seal Island

World of Birds

10 Der in einem grünen Vorort von Hout Bay gelegene Vogelpark beherbergt etwa 400 Arten – von einheimischen Gartenvögeln wie Bülbüls und Papageien bis zu faszinierenden Exoten wie Scharlachsichlern und Blauen Pfauen. World of Birds betreibt wichtige Zuchtprogramme für die gefährdeten Waldrappen und Kronenkraniche. Im begehbaren Monkey Jungle klettern freche Totenkopfaffen über den Köpfen der Besucher. Paviane und die faszinierenden Erdmännchen sind weitere Bewohner. *Karte G2 • Valley Rd, Hout Bay • (021) 790 2730 • Eintritt • www.worldofbirds.org.za*

Ein Ausflug mit dem Auto nach Cape Point

Vormittag

Beginnen Sie die Fahrt entlang der Atlantikküste über Camps Bay möglichst früh am Tag. Planen Sie auf der 45-minütigen Strecke nach **Hout Bay** einige Pausen am **Chapman's Peak Drive** ein, um die wunderbare Aussicht zu genießen. Wenn Sie Hout Bay vor 9.30 Uhr erreichen, empfiehlt sich eine Bootsfahrt nach **Seal Island**. Fahren Sie anschließend Richtung Süden um das **Kap der Guten Hoffnung**. Machen Sie einen Stopp beim Besucherzentrum Buffelsfontein, bevor Sie den Parkplatz bei Cape Point erreichen. Das **Two Oceans Restaurant** *(siehe S. 81)* bietet malerischen Blick auf die False Bay. Das Mittagessen kann man aber auch nach dem steilen Aufstieg oder der Seilbahnfahrt zum **Cape Point Lighthouse** *(siehe S. 27)* einnehmen.

Nachmittag

Spazieren Sie vom Parkplatz zum Strand am Kap der Guten Hoffnung hinab oder fahren Sie auf der Hauptstraße des Schutzgebiets zurück, die sich am Eingangstor Richtung Rooikrans, Gifkommetjie und Platboom teilt. Starten Sie gegen 15 Uhr auf der Küstenstraße an der False Bay Richtung **Simon's Town**. Vielleicht sichten Sie bei einer Pause Wale. Vor Simon's Town biegen Sie rechts ab zur Brillenpinguinkolonie am **Boulders Beach**. Genießen Sie vor der Rückfahrt einen Drink im **Seaforth Restaurant** *(siehe S. 81)* oder im **Bertha's** *(siehe S. 81)* mit Blick auf den Hafen von Simon's Town.

Stadtteile & Regionen – Kap-Halbinsel

Mehr über Hout Bay www.houtbayholiday.co.za

Links **Quayside Centre** Rechts **Kuriositäten auf dem Handwerksmarkt im Hafen von Hout Bay**

🔟 Galerien & Läden

Kalk Bay Gallery
Die Galerie ist auf Werke von einheimischen Künstlern spezialisiert. Erstandene Stücke werden weltweit versandt. ◈ Karte H4
• 62 Main Rd, Kalk Bay • (021) 788 1674

Artvark
Die Galerie zeigt zeitgenössische Kunst und Kunsthandwerk aus Südafrika und verkauft auch Werke aus Metall. ◈ Karte H4
• 48 Main Rd, Kalk Bay • (021) 788 5584

Quagga Rare Books & Art
Der renommierte antiquarische Buchladen führt viele bereits vergriffene Titel. ◈ Karte H4
• 86 Main Rd, Kalk Bay • (021) 788 2752

Kalk Bay Modern
Die Galerie zeigt moderne Kunst, Kunsthandwerk und Textilien. ◈ Karte H4 • Windsor House, 136 Main Rd, Kalk Bay • (021) 788 6571

Quayside Centre
Der edle Bau beim Quayside Hotel bietet Kuriositätenläden, eine Kunstgalerie sowie Restaurants mit Blick auf den Hafen von Simon's Town. ◈ Karte H4

Skulptur in der Kalk Bay Modern

Sophea Gallery
In der tibetisch beeinflussten Anlage gibt es eine Galerie für spirituelle Kunst, ein tibetisches Teehaus mit vegetarischer und veganer Küche und einen Meditationsbereich. ◈ Karte H4 • 2 Harrington Rd, Seaforth • (021) 786 1544

Longbeach Mall
Die größte Shopping Mall der südlichen Halbinsel bietet 90 Läden, darunter Supermärkte, einen Kunsthandwerksmarkt, Restaurants und Cafés. ◈ Karte H3
• Ecke Buller Louw Dr & Sunnydale Rd, Noordhoek • (021) 785 5955

Ethno Bongo ... & Banana
In diesem Geschenkeladen werden sowohl die Produkte aus hochwertigem Holz als auch der Schmuck aus Muscheln, Perlen und Schmucksteinen von Hand gefertigt. ◈ Karte G2 • Main Rd, Hout Bay • (021) 790 0802

Handwerksmarkt, Hafen von Hout Bay
An den Buden im Hafen werden regionale Produkte wie Batiken, Perlen- und Schnitzarbeiten feilgeboten. ◈ Karte G3

Rose Korber Art
Die Kunsthandlung besitzt Werke führender zeitgenössischer südafrikanischer Künstler, die einmal im Jahr auch in einer Ausstellung präsentiert werden.
◈ Karte H1 • 48 Sedgemoor Rd, Camps Bay • (021) 438 9152, (083) 261 1173
• www.rosekorberart.com

Preiskategorien

Preis für ein Drei-Gänge-Menü pro Person mit einer halben Flasche Wein, inkl. Steuern und Service.	**R**	unter 150 R
	RR	150–200 R
	RRR	200–250 R
	RRRR	250–300 R
	RRRRR	über 300 R

Bertha's

🔟 Restaurants

1 Olympia Café
Für die entspannte Atmosphäre am Meer, das charaktervolle Innere, das exzellente Frühstück und die mediterranen Gerichte stehen die Menschen Schlange. 🚫 *Karte H3 • 134 Main Rd, Kalk Bay • (021) 788 6396 • RRRR*

2 Galley Seafood Restaurant
Das auch »Bayside« genannte Strandrestaurant bietet Gerichte mit Fleisch und Seafood. Die gemischte Meeresfrüchteplatte ist legendär. 🚫 *Karte H4 • Fish Hoek • (021) 782 3354 • RR*

3 Bertha's
Das im Erdgeschoss des Quayside Centre schön gelegene Restaurant serviert Fleisch und Seafood zu vernünftigen Preisen. 🚫 *Karte H4 • Wharf Rd, Simon's Town • (021) 786 2138 • RR*

4 Harbour House
Näher kann man im Hafen von Kalk Bay dem Ozean fast nicht kommen. Große Fenster ermöglichen den Blick aufs Meer. Die Seafood- und Fleischgerichte stimmen auch Anspruchsvolle zufrieden. 🚫 *Karte H3 • Kalk Bay Harbour • (021) 788 4133 • RRRRR*

5 Seaforth Restaurant
Der Restaurantbesuch lässt sich prima mit der Besichtigung der Pinguinkolonie verbinden *(siehe S. 77)*. Es gibt Seafood, aber auch exzellente Pizza und Pasta. 🚫 *Karte H4 • Seaforth Beach, Simon's Town • (021) 786 4810 • RRR*

6 Two Oceans Restaurant
Das moderne Restaurant ist für Kap-Seafood und Sushi vom Feinsten sowie für den Blick auf die False Bay bekannt. 🚫 *Karte I6 • Cape Point • (021) 780 9200 • abends geschl. • RRRRR*

7 The Foodbarn
Küchenchef Franck Dangereux ist ein Meister der Aromen und des Geschmacks. In seinem Restaurant kann man edel französisch speisen, aber auch Snacks, Kuchen und Quiches mitnehmen. 🚫 *Karte G3 • Noordhoek Farm Village, Village Ln, Noordhoek • (021) 789 1390 • RRRRR*

8 Lookout Deck
Das beliebte Restaurant mit schöner Aussicht auf den Hafen bietet exzellentes Seafood und preiswerte Snacks. 🚫 *Karte G3 • Hout Bay Harbour • (021) 790 0900 • RRRRR*

9 Dunes
Das Bistro am Sandstrand von Hout Bay serviert Tapas, Salate, Seafood, Steaks und Pizzas. Für Kinder gibt es einen Spielplatz. 🚫 *Karte G2 • 1 Beach Rd, Hout Bay • (021) 790 1876 • RRR*

10 Azure Restaurant
Das Feinschmeckerrestaurant im prestigeträchtigen Twelve Apostles Hotel *(siehe S. 112)* nutzt Einflüssen aus aller Welt, um die Küche der Kapregion zu verfeinern. 🚫 *Karte H1 • Victoria Rd, Camps Bay • (021) 437 9000 • RRRRR*

 Wenn nicht anders angegeben, haben die Restaurants sowohl mittags als auch abends geöffnet.

Links **Historische Architektur in Stellenbosch** Rechts **Weingut Boschendal**

Weingut Vergelegen

Weinregion

DIE UNMITTELBAR AN KAPSTADT GRENZENDE BERGREGION *im Landes-
inneren, auch Boland (»Hochland«) genannt, gehört zu den schönsten
Gegenden Südafrikas. Die zerklüfteten Sandsteinfelsen sind von wasserrei-
chen, grünen Tälern durchzogen, die einen intensiven Anbau von Obstbäumen
ermöglichen. Die Gegend ist auch Zentrum der südafrikanischen Weinproduk-
tion. Hier liegen etwa 300 Weingüter, die gut auf den Fremdenverkehr eingestellt sind. Die meisten Güter bieten Weinproben an und besitzen Restaurants
oder Cafés. Auch historische Städte kennzeichnen die Weinregion. Dazu gehören Stellenbosch, Franschhoek, Tulbagh und Paarl.*

Weingut Vergelegen: Haus für Weinproben

Attraktionen

1 Stellenbosch
2 Jonkershoek &
Assegaaibosch
Nature Reserves
3 Spier Wine Farm
4 Weingut Boschendal
5 Franschhoek
6 Butterfly World
7 Drakenstein Lion Park
8 Paarl
9 Tulbagh
10 Weingut Vergelegen

Die Weinregion im Internet **www.winelands.co.za**

Stellenbosch

Die bei Urlaubern beliebteste Stadt in der Weinregion liegt von Bergen umgeben am Ufer des Eerste. Die zweitälteste Siedlung Südafrikas entstand 27 Jahre nach der Gründung von Kapstadt. Stellenbosch besitzt die höchste Anzahl an vor dem 20. Jahrhundert

Sandsteinberge im Jonkershoek Nature Reserve

errichteten kapholländischen Bauten. Neben seiner Architektur fasziniert Stellenbosch als Sitz einer landesweit renommierten Universität auch durch sein quirliges Studentenleben: Das kompakte Stadtzentrum ist lebendig und auch nach Einbruch der Dunkelheit sehr sicher *(siehe S. 28f)*.

Jonkershoek & Assegaaibosch Nature Reserves

Das wenig beachtete Schutzgebiet Jonkershoek liegt am Rande von Stellenbosch. Durch das gebirgige Areal führen Wanderwege unterschiedlicher Schwierigkeitsgrade – von Spaziergängen auf landwirtschaftlich genutztes Terrain bis zu anspruchsvollen Wegen in höhere Hanglagen. In der Berglandschaft gedeihen mehr als 1000 *Fynbos*-Pflanzenarten. Neben verschiedenen Vogelarten leben zahlreiche Säugetiere weit über das Gebiet verteilt. Dazu gehören Leoparden, Paviane und Klippspringer. ✆ *Karte E3 • (021) 483 0190 • Jonkershoek Nature Reserve: tägl. 7.30–16 Uhr; Eintritt • Assegaaibosch Nature Reserve: tägl. 8–16.30 Uhr; Eintritt • www.capenature.co.za*

Spier Wine Farm

Die Spier Wine Farm hat nicht den Anspruch, die vornehmen Weingüter Boschendal und

Vergelegen nachzuahmen. Attraktionen wie das jüngst renovierte Eight to Go Deli sorgen dennoch für ein gehobeneres Ambiente. Wer keinen Wein mag, kann an einer Verkostung von Traubensäften teilnehmen. Es gibt ein Spa, einen Spielplatz, einen Laden für Kunsthandwerk und tägliche Vorführungen mit Adlern. Das beeindruckend gestaltete Vier-Sterne-Hotel *(siehe S. 117)* besitzt mehrere Restaurants und Business-Einrichtungen. ✆ *Karte D3 • abseits der R310 nach Stellenbosch • (021) 809 1100 • Weinproben: tägl. 10–16.30 Uhr • www.spier.co.za*

Weingut Boschendal

Der hugenottische Siedler Jean de Long pflanzte 1685 auf Boschendal Reben an. Das für den Weinbau wegweisende Gut ist heute das beliebteste in der Region um Stellenbosch und Franschhoek. Eine Allee führt in das vom Simonsberg und den Groot-Drakenstein-Bergen flankierte grüne Tal. Zu den kapholländischen Bauten zählen ein Weinkeller (1795) und ein Herrenhaus (1812). Es gibt ein exzellentes Büfett-Restaurant und ein schattiges Café. Im Sommer ist das französisch inspirierte »Le Pique-Nique« auf den Rasenflächen unwiderstehlich *(siehe S. 30 & S. 53)*.

5 Franschhoek

Franschhoek ist die selbst ernannte kulinarische Hauptstadt Südafrikas. Der auf die Zeit als Siedlung hugenottischer Flüchtlinge im 17. Jahrhundert zurückgehende französische Einfluss wird durch das Huguenot Memorial und das Museum am Stadtrand dokumentiert. In unmittelbarer Nachbarschaft der kleinen Stadt liegen zahlreiche Weingüter. Boutiquen, Läden und vorzügliche Restaurants spiegeln Franschhoeks gestiegenen Stellenwert als Reiseziel für Urlauber (siehe S. 30f).

6 Butterfly World

Südafrikas größter Schmetterlingspark liegt in Klapmuts an der R44. In einem Gebäude mit einem hübsch gestalteten Landschaftsgarten fliegen mehr als

Butterfly World

20 einheimische Arten frei umher. Der faszinierende Martin Filmer Spider Room, der Terrarien mit vielen verschiedenen Spinnenarten beherbergt, informiert Besucher über den ökologischen Wert der geschmähten Tiere.
ⓧ *Karte D1 • R44, Klapmuts • (021) 875 5628 • tägl. 9–17 Uhr • Eintritt • www. butterflyworld.co.za*

Kapholländische Architektur

Der im 18. Jahrhundert entwickelte Stil brachte europäische Elemente mit afrikanischen Lebensbedingungen in Einklang. Mittelalterlichen Bauten Amsterdams entlehnte verzierte Rundgiebel über dem Eingang sind typisch, ebenso reetgedeckte Dächer und H-förmige Grundrisse wie im Herrenhaus von Vergelegen.

---

7 Drakenstein Lion Park

35 Löwen, zwei Königstiger sowie weitere Säugetiere und Vögel sind in diesem Park zu Hause. Für Schimpansen wurde Chimp Haven eingerichtet. Der Park bietet die Möglichkeit, umgeben von Löwen in Safarizelten zu übernachten. Die Löwen werden montags, mittwochs und freitags jeweils um 16 Uhr gefüttert.
ⓧ *Karte E1 • Old Paarl Rd (R101), Klapmuts • (021) 863 3290 • tägl. 9.30–17 Uhr • Eintritt • www.lionrescue.org.za*

8 Paarl

Die im Westen durch Paarl Mountain, im Osten durch den Fluss Berg begrenzte Stadt ist die größte der Weinregion. Paarl hat nicht den Glanz Stellenboschs, der beeindruckende Granitfelsen Paarl Mountain in einem fußgängerfreundlichen Schutzgebiet und das Afrikaanse Taalmonument lohnen aber den Besuch. Das Weingut Laborie im Stadtzentrum ist reizend.
ⓧ *Karte E1 • (021) 872 4842 • www.paarlonline.com*

Löwe im Drakenstein Lion Park

➡ *Besitzer der Go Cape Town Card müssen in der Butterfly World keinen Eintritt bezahlen siehe S. 107*

Tulbagh

9 Die 1700 am Fuß der Groot-Winterhoek-Berge gegründete Stadt ist relativ weit von Kapstadt entfernt. Für Urlauber, die den Massen entfliehen möchten, ist sie ein bezauberndes Ziel. Mit über 30 kapholländischen Bauten verströmt das Zentrum historisches Flair. Die mit *Fynbos* bedeckten Groot-Winterhoek-Berge bilden eine imposante Kulisse. Man kann dort gut wandern, reiten und Vögel beobachten. In der Umgebung liegen über 20 Weingüter. ✎ *Karte U3 • Information: (023) 230 1375 • www.tulbaghtourism.co.za*

Weingut Vergelegen

10 Der Name des historischen Guts bedeutet »abgelegen«. Das Anwesen (1685) an einem Hang des Helderberg war ursprünglich entfernter Außenposten der Kapkolonie. 15 Jahre später wurde es Privatbesitz Willem van der Stels. Dieser ließ das elegante Herrenhaus errichten, legte den achteckigen Garten an und pflanzte die knorrigen Kampferbäume am Eingang. Vergelegen zählt zu den führenden Weingütern Südafrikas. Besucher genießen das wunderbare Anwesen und das Weinangebot. ✎ *Karte E4 • Loursenford Rd, Somerset West • (021) 847 1334 • Weinproben: tägl. 9.30–16.30 Uhr • Eintritt • www.vergelegen.co.za*

Afrikaanse Taalmonument, Paarl

Ein »Four Passes«-Tagesausflug

Vormittag

Die Rundfahrt um die Hottentots-Holland-Berge führt durch landschaftlich und architektonisch reiche Gebiete der Weinregion und zu den schönsten Weingütern. An der R310 von **Stellenbosch** *(siehe S. 28f)* südlich nach Somerset West weisen Schilder zum **Weingut Vergelegen** am Helderberg. Dort besichtigen Sie die historischen Gebäude und stärken sich im Coffee Shop. Von Somerset West führt die N2 über den Sir Lowry's Pass nach Osten, die links abzweigende R321 durch Grabouw über den Viljoen Pass in das Tal Riviersonderend (Endloser Fluss) hinab zum Theewaterskloof Dam. Sie fahren nun links auf die R45, die den Franschhoek Pass kreuzt und eine wunderbare Aussicht auf die gleichnamige Stadt bietet.

Nachmittag

In **Franschhoek** kann man in **The Tasting Room** oder den beiden Restaurants von Mont Rochelle *(siehe S. 91)* zu Mittag essen. Besuchen Sie das **Huguenot Memorial Museum** oder stöbern Sie in den Läden an der Hauptstraße. An der R45 in Richtung Westen besichtigen Sie auf dem Weingut L'Ormarins das **Franschhoek Motor Museum** *(siehe S. 30)*. Hinter Franschhoek geht die R310 links ab. Interessante Stopps am Helshoogte Pass nach Stellenbosch sind das **Weingut Boschendal**, **Pniel** und **Hillcrest Berry Orchard** *(siehe S. 30)*. Ein Drink im Restaurant des Weinguts **Tokara** *(siehe S. 87)* beschließt den Tag.

Die in Kapstadt und Stellenbosch angebotenen »Four Passes«-Tagesausflüge sind Alternativen zur Fahrt mit dem eigenen Auto.

85

Links **Auslage in Oom Samie se Winkel** Mitte **Stellenbosch Art Gallery** Rechts **Sasol Art Museum**

TOP 10 Galerien & Läden

1 Stellenbosch Art Gallery, Universiteit Stellenbosch

Die kleine Galerie in einer Lutheranischen Kirche mit Holzboden zeigt Werke zeitgenössischer südafrikanischer Künstler und von Studenten der Universität. ✪ *Karte D2 • Ecke Dorp & Bird St • (021) 808 3524 • Mo–Fr 9–17 Uhr, Sa 9–13 Uhr*

2 Sasol Art Museum

In dem gestuften klassizistischen Gebäude befinden sich die Kunstsammlung der Universität (19. und 20. Jh) sowie eine anthropologische Ausstellung mit traditioneller afrikanischer Kunst und Haushaltsgegenständen. ✪ *Karte D2 • 52 Ryneveld St • (021) 808 3691 • Mo 10–16.30 Uhr, Di–Sa 9–16 Uhr*

3 Rupert Museum

Die Galerie beherbegt die hervorragende, von Dr. Anton Rupert zusammengetragene Sammlung südafrikanischer Kunstwerke *(siehe S. 29)*.

4 Local Works Arts & Crafts

Der eindrucksvolle kleine Laden bietet ein paar handverlesene Stücke, die die Vielfalt der afrikanischen Kunst und Kultur unterstreichen. ✪ *Karte D2 • 10 Drostdy St, Stellenbosch • (021) 887 0875 • www.stellenbosch-unlimited.co.za/localworks*

5 Oom Samie se Winkel

Stellenboschs berühmtester, seit über 100 Jahren bestehender *winkel* (Laden) bietet in viktorianischem Ambiente ein buntes Sortiment erschwinglicher regionaler Handwerksprodukte und echter afrikanischer Kunst. ✪ *Karte D2 • Dorp St • (021) 887 0797*

6 Karoo Classics

Spezialität des Ladens sind aus Mohair, Straußenleder und anderen Stoffen handgefertigte Produkte. ✪ *Karte D2 • Ecke Bird & Church St, Stellenbosch • (021) 886 7596*

7 Is Art Gallery

Der Laden im Hotel Le Quartier Français *(siehe S. 116)* erfreut Kuriositätenjäger mit buntem Kunsthandwerk, Schmuck und Kerzen. ✪ *Karte F2 • Huguenot Rd, Franschhoek • (021) 876 8443 • www.is-art.co.za*

8 The Ceramics Gallery

Hier kann man dabei zusehen, wie David Walters an der Töpferscheibe schöne Haushaltskeramik fertigt. ✪ *Karte F2 • 24 Dirkie Uys St, Franschhoek • (021) 876 4304 • www.davidwalters.co.za*

9 Huguenot Fine Chocolates

Zwei in Belgien ausgebildete Chocolatiers verkaufen köstliche Schokolade. ✪ *Karte F2 • 62 Huguenot Rd, Franschhoek • (021) 876 4096*

10 Vineyard Connection

Der Laden zwischen Stellenbosch und Paarl bietet die besten Weine der Kapregion. Käufer können sich die erworbenen Produkte in die Heimat senden lassen. ✪ *Karte D2 • Weingut Delvera • (021) 884 4360*

Stadtteile & Regionen – Weinregion

Nützliche Hinweise für Shopping in der Region **siehe S. 111**

Links **Rustenberg Wines** Rechts **Keller in Blaauwklippen**

TOP 10 Weingüter um Stellenbosch

1 Rust en Vrede
Das erste Weingut, das sich ausschließlich auf Rotweine spezialisiert hat, besitzt ein Spitzenrestaurant. ❧ *Karte D3 • Annandale Rd, Stellenbosch • (021) 881 3881 • Mo–Sa 9–17 Uhr • www.rustenvrede.com*

2 Rustenberg Wines
Das 300 Jahre alte Gut ist für Chardonnay-Weine bekannt. ❧ *Karte E2 • Lily Rd, Idas Valley • (021) 809 1200 • Weinproben: Mo–Fr 9–16.30 Uhr, Sa 10–16 Uhr, So 10–15 Uhr • www.rustenberg.co.za*

3 Tokara
Das Restaurant des für Wein und Olivenöl bekannten Guts auf dem Helshoogte Pass liegt sehr malerisch *(siehe S. 30)*.

4 Delaire Graff
Das »Weingut im Himmel« auf dem Kamm des Helshoogte Pass ist perfekt für Picknicks mit gekühltem Wein *(siehe S. 30)*.

5 Neethlingshof
Die Short Story Collection und die unverschnittenen Weine sind für Weinliebhaber ein Muss. ❧ *Karte D3 • M12 • (021) 883 8988 • Weinproben: Mo–Fr 9–17 Uhr, Sa & So 10–16 Uhr • www.neethlingshof.co.za*

6 Asara
Asara ist auf Rotwein spezialisiert. Der Cabernet Sauvignon ist besonders zu empfehlen. ❧ *Karte D3 • M12 • (021) 888 8000 • Weinproben: Mo–Sa 10–18 Uhr, So 10–16 Uhr • www.asarawine.com*

7 Spier Wine Farm
Das Weingut produziert süffige Weine im mittleren Preissegment und bietet zahlreiche Aktivitäten für Familien *(siehe S. 83)*.

8 Meerlust
In dem Keller des Guts lagert auch der dem Clairet ähnliche gefeierte Rubicon. ❧ *Karte D3 • R310 • (021) 843 3587 • Weinproben: Mo–Fr 9–17 Uhr, Sa 10–14 Uhr • www.meerlust.co.za*

9 Blaauwklippen
Das Weingut Blaauwklippen beherbergt ein Kutschenmuseum und ein historisches Herrenhaus mit Restaurant. Der Zinfandel ist sehr gut. ❧ *Karte D3 • R44 • (021) 880 0133 • Weinproben: Mo–Fr 9–17 Uhr, Sa 10–17 Uhr, So 10–16 Uhr • www.blaauwklippen.com*

10 Kanonkop
Neben diversen preisgekrönten Cuvées produziert Kanonkop einen der besten Pinotage-Weine Südafrikas. ❧ *Karte D2 • R44 • (021) 884 4656 • Weinproben: Mo–Fr 9–17 Uhr, Sa 9–14 Uhr • www.kanonkop.co.za*

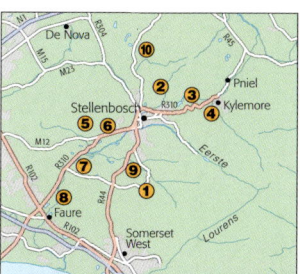

Südafrikanische Spitzenweine **siehe S. 89**

Links **Weinstöcke bei Durbanville** Mitte **Weingut Haute Cabrière** Rechts **Weinprobe auf La Motte**

TOP 10 Weitere Weingüter

1 Durbanville Hills
Hier entsteht u. a. hervorragender Merlot. ◎ *Karte C2 • Tygervalley Rd (M13) • (021) 558 1300 • Weinproben: Mo–Do 9–16.30 Uhr, Fr 9–18 Uhr, Sa 10–15 Uhr, So 11–15 Uhr • www.durbanvillehills.co.za*

2 Vergelegen
Vergelegen ist all jenen zu empfehlen, die nur ein einziges Weingut der Region besuchen wollen oder können *(siehe S. 85).*

3 Boschendal
Wein, Landschaft, Architektur und Picknickkörbe sind die Trümpfe des Guts *(siehe S. 30 & S. 83).*

4 La Motte
Das Gut liegt wunderschön im Franschhoek Valley. ◎ *Karte F2 • Main Rd (R45), Franschhoek • (021) 876 8000 • Weinproben: Mo–Sa 9–17 Uhr • www.la-motte.com*

5 Haute Cabrière
Haute Cabrière ist für erstklassigen Sekt bekannt. Die Korken werden mit dem Schwert entfernt. ◎ *Karte F2 • Franschhoek Pass Rd • (021) 876 8500 • Weinproben: Mo–Fr 9–17 Uhr, Sa 10–16 Uhr, So 11–16 Uhr • www.cabriere.co.za*

6 Laborie
Das Weingut im Herzen von Paarl ist wegen der weiten umwerfenden Landschaft eine besondere Erfahrung. ◎ *Karte E1 • Taillefer St, Paarl • (021) 807 3390 • Weinproben: Mo–Sa 9–17 Uhr, So 11–17 Uhr • www.laboriewines.co.za*

7 Rhebokskloof
Das von Bergen umgebene Anwesen bietet aktiven Gästen Unterhaltung und Abenteuer. ◎ *Karte E1 • Windmeul, Agter-Paarl • (021) 869 8386 • Weinproben: tägl. 9–17 Uhr • www.rhebokskloof.co.za*

8 Fairview
Das bekannte Gut stellt edlen Wein her. Im Delikatessenladen gibt es hausgemachten Käse. ◎ *Karte E1 • Suid-Agter-Paarl Rd • (021) 863 2450 • Weinproben: tägl. 9–17 Uhr • www.fairview.co.za*

9 Vergenoegd
Trotz preisgekrönter Rotweine wird das Gut oft unterschätzt. ◎ *Karte C3 • Baden Powell Dr (R310) • (021) 843 3248 • Weinproben: Mo–Fr 9–17 Uhr, Sa & So 9.30–16 Uhr • www.vergenoegd.co.za*

10 Zevenwacht
Hier gibt es exzellente Rotweine, Käse-Verkostungen und ein Spa. ◎ *Karte C3 • Langverwacht Rd, Kuilsrivier • (021) 900 5700 • Weinproben: Mo–Fr 8.30–17 Uhr, Sa & So 9.30–17 Uhr • www.zevenwacht.co.za*

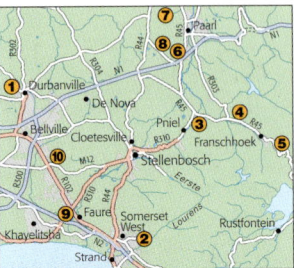

Besitzer der Go Cape Town Card können sich in vielen Weingütern die Gebühr für die Weinprobe (20–50 R) sparen **siehe S. 107**

Links **Probierraum im Weingut Meerlust** Rechts **Weingut Kanonkop**

TOP10 Spitzenweine

1 Kanonkop Paul Sauer
Die von Cabernet Sauvignon dominierte Cuvée zählt zu den begehrtesten südafrikanischen Rotweinen. Der weiche, elegante Wein reift in Eichenfässern.

2 Beyerskloof Pinotage Reserve
Der rubinrote, intensiv duftende Wein entsteht aus Pinotage, der »Nationaltraube« Südafrikas, die in den 1920er Jahren durch Kreuzung von Cinsaut und Pinot Noir entstand.

3 Meerlust Rubicon
Das Weingut von 1693 ist seit 1756 im Besitz der Familie Myburgh. Der Meerlust Rubicon ist eine bereits mehrfach prämierte Rotwein-Cuvée und zählt zu den bekanntesten Weinen Südafrikas.

4 Boekenhoutskloof Syrah
Im Jahr 1997 begründete Marc Kent mit diesem Rotwein seinen exzellenten Ruf in der Weinbranche. Der körperreiche Wein bietet eine große Aromenvielfalt.

5 Hamilton Russell Vineyards Pinot Noir
Das Weingut im Tal Hemel-en-Aarde (»Himmel auf Erden«) brachte die Rebsorte Pinot Noir in den 1970er Jahren nach Südafrika. Der kraftvolle und doch weiche und würzige Rotwein ist geprägt von Fruchtaromen, Holznoten und samtigem Tannin.

6 Beaumont Hope Marguerite Chenin Blanc
Der fein duftende Wein kommt in Holzfässern zur vollen Reife. In Südafrika wird die Rebsorte Chenin Blanc zu Tafelwein, Dessertwein, Sekt und Weinbrand verarbeitet.

7 Cape Point Isliedh
Für diese Weißwein-Cuvée wird Sauvignon Blanc mit Sémillon verfeinert. Die Reben sind stetigem Wind ausgesetzt. In einem solchen Klima werden nur weiße Rebsorten richtig reif.

8 Ken Forrester The FMC Chenin Blanc
Kenner behaupten, dies sei der beste Wein, den man aus Chenin Blanc herstellen kann. Am Gaumen entfaltet der fruchtig duftende Wein nach anfänglicher Süße seinen vollen Körper.

9 The House of Krone Borealis Cuvée Brut
Winzer Nicky Krone produziert seine Schaumweine nach Champagnermethode mit klassischer Flaschengärung (Méthode Cap Classique). Borealis Cuvée Brut ist das Aushängeschild seines Weinguts.

10 Nederburg Edelkeur Noble Late Harvest
Die aus Chenin Blanc gekelterte Beerenauslese lässt Aromen von Melone und Aprikose erkennen. Zitrusnoten halten die Süße im Zaum.

Platter's South African Wine Guide *ist ein praktischer Begleiter für Weinproben in der Region* **www.wineonaplatter.com**

Links **Terroir** Rechts **Eight, Spier Wine Farm**

 # Restaurants um Stellenbosch

1 Wijnhuis

Das Restaurant im ersten Stock ist wie ein Keller gestaltet. Es bietet die längste Weinkarte Stellenboschs. Spezialitäten sind mediterranes Seafood und Grillgerichte. ✆ *Karte D2 • Ecke Church & Andringa St • (021) 887 5844 • RRRR*

2 Volkskombuis

Das Restaurant serviert in kapholländischer Umgebung traditionelle Gerichte. De Oewer auf demselben Anwesen kocht mediterran und ist etwas günstiger. ✆ *Karte D2 • Aan-de-Wagen Rd • (021) 887 2121 • RRRR*

3 Liefde Bistro

Das Innenhof-Restaurant an der Oude Werf bietet wenige, aber einfallsreiche malaiische Speisen, Seafood und Wild. Die Weinkarte ist gut. ✆ *Karte D2 • 30 Church St • (021) 887 4608 • RRRRR*

4 Bukhara

Von den vielen Speisen des superben nordindischen Restaurants überzeugen vor allem die Tandoori-Gerichte. ✆ *Karte D2 • Ecke Dorp & Bird St • (021) 882 9133 • RRRRR*

5 Tokara Delicatessen

Olivenöl, landwirtschaftliche Erzeugnisse, Käse, Fleisch- und Wurstwaren stammen vom Weingut selbst. Der Brunch am Wochenende ist großartig. Wer feiner essen möchte, sollte das Tokara Restaurant besuchen. ✆ *Karte E2 • Weingut Tokara, Helshoogte Pass • (021) 808 5950 • RR–RRR*

6 Babel, Babylonstoren

Die einfache Speisekarte spiegelt Farben und Aromen der jeweiligen Jahreszeit wider. Obst, Gemüse und Kräuter stammen aus den eigenen Gärten. ✆ *Karte D2 • Weingut Babylonstoren, Klapmuts/Simondium Rd, Simondium • 021 863 3852 • RRRR*

7 Spier Wine Farm

Auf dem Gelände gibt es mehrere Restaurants: Im Eight gibt es ein Büfett, Eight to Go Deli serviert Snacks, im Hotel Restaurant kann man à la carte essen, das Moyo bietet panafrikanisches Flair. ✆ *Karte D3 • Lynedoch Rd, Stellenbosch • (021) 809 1152 • RR–RRRRR*

8 96 Winery Road

Das Lokal im ländlichen Stil bietet saisonale Küche. Im Keller lagern erlesene Rotweine. ✆ *Karte D4 • Winery Rd (abseits der R44), Somerset West • (021) 842 2020 • RRR*

9 Jordan

Zutaten aus der direkten Umgebung sorgen für intensive Aromen. Der Blick über die Weinberge bis zum Horizont ist sehr schön. ✆ *Karte D2 • Kloof Rd • (021) 881 3612 • RRRRR*

10 Terroir

Die Speisen des Lokals auf dem Gut Kleine Zalze werden auf Tafeln angeschrieben. Die Küche provenzalischen Stils hat regionalen Touch. ✆ *Karte D3 • Kleine Zalze Wine Estate • (021) 880 8167 • RRRR*

Wenn nicht anders angegeben, akzeptieren alle Restaurants Kreditkarten.

Grand Provence

TOP 10 Restaurants um Franschhoek

1 The Tasting Room, Le Quartier Français

Das Restaurant gehört zu den 50 besten der Welt. Gäste erhalten fünf Menüs mit fünf oder acht Gängen. ✆ *Karte F2 • 16 Huguenot Rd • (021) 876 8442 • mittags geschl., abends Reservierung erforderlich • RRRRR*

2 Reuben's Restaurant & Bar

Die Küche des nach dem Inhaber und Chefkoch Reuben Riffel benannten Restaurants vereint Einflüsse aus Afrika, Asien und Europa. ✆ *Karte F2 • 19 Huguenot St • (021) 876 3772 • RRRRR*

3 Fyndraai

In historischem Ambiente kann man hier modern interpretierte Klassiker der Kap-Küche kennenlernen. ✆ *Karte F2 • Weingut Solms-Delta, abseits der R45, Groot Drakenstein • (021) 874 3937 • RRRRR*

4 Grande Provence

Im gehobenen Restaurant des gleichnamigen Weinguts ist besonders das À-la-carte-Menü – nach Vorbestellung auch mit sechs passenden Weinen – zu empfehlen. ✆ *Karte F2 • Main Rd • (021) 876 8600 • RRRRR*

5 Haute Cabrière Cellar Restaurant

Auf dem Anwesen (17. Jh.) werden Gerichte der französischen und südafrikanischen Küche modern interpretiert. Die Aussicht ist traumhaft. ✆ *Karte F2 • Pass Rd • (021) 876 3688 • RRRRR*

6 La Petite Ferme

Die verglaste Veranda bietet Blick auf das Franschhoek Valley. Die internationale Speisekarte ist genauso perfekt wie die Lage. ✆ *Karte F2 • Pass Rd • (021) 876 3016 • RRRR*

7 Mange Tout

Das vorzügliche Dinnerlokal im Hotel Mont Rochelle zeichnet sich durch zeitgenössische europäische Küche aus. ✆ *Karte F2 • Mont Rochelle, Dassenberg Rd, Franschhoek • (021) 876 2770 • RRRR*

8 Pierneef à la Motte

Das Restaurant ist, wie die hier produzierten Bio-Weine auch, nach dem Maler Pierneef benannt, dessen Werke in der Galerie des Weinguts La Motte hängen. Aus alten Rezepten entstehen hier Gerichte von höchster Qualität *(siehe S. 88).*

9 Bread & Wine

Das Familienrestaurant des Weinguts Môreson steht unter gleicher Führung wie Le Quartier Français *(siehe S. 116).* Serviert wird Einfallsreiches der Landküche. ✆ *Karte F2 • Môreson Farm • (021) 876 3692 • abends geschl. • RR*

10 Weingut Boschendal

Mittags hat man hier drei Möglichkeiten: Ein Büfett-Restaurant im Herrenhaus, ein nettes Café und Picknickkörbe französischer Art. ✆ *Karte E2 • Pniel Rd, Groot Drakenstein • (021) 870 4274 • Café: RR, Picknick: RR, Restaurant: RRR*

Skilpad Wild Flower Reserve, Namaqualand

Um die Weinregion

BESUCHERN, *die sich von den vielen Attraktionen Kapstadts lösen können, ist die Stadt auch eine gute Basis für die Erkundung anderer Teile der westlichen Kapregion. Das Gebiet wird von einer durchgehend malerischen Küstenlinie, mit Fynbos bedeckten Bergen und prosperierenden Weinanbaugebieten geprägt. Zu den Sehenswürdigkeiten östlich von Kapstadt zählen die Walker Bay mit einzigartigen Möglichkeiten der Walbeobachtung von Land aus, das wenig bekannte De Hoop Nature Reserve und Kap Agulhas, der südlichste Punkt Afrikas. Richtung Lamberts Bay erstreckt sich eine wunderbare Küstenlandschaft mit einer unvergleichlich blühenden Vegetation.*

Links **Fischerhütte in Paternoster** Rechts **Schleppnetzfischer im Hafen von Lamberts Bay**

Attraktionen

1 Hermanus
2 Gansbaai
3 Agulhas National Park
4 De Hoop Nature Reserve
5 Swellendam
6 Cederberg
7 West Coast National Park
8 Paternoster & Cape Columbine
9 Lamberts Bay
10 Namaqualand

Vorhergehende Doppelseite **Weinanbau bei Stellenbosch**

1 Hermanus

Die reizende Kleinstadt südöstlich von Kapstadt liegt auf den blanken Felsklippen, die die Walker Bay umschließen. Der Berg-*Fynbos* im Fernkloof Nature Reserve ist eine Attraktion. Hermanus ist aber vor allem für die Möglichkeiten bekannt, von Juni bis November von Land aus Wale zu beobachten. Die Stellen, an denen sich Südkaper nahe der Stadt an die Wasseroberfläche kommen, werden vom »Whale Crier« angezeigt. ✪ Karte U5
• *Information: (028) 312 2629*
• *www.hermanustourism.info*

2 Gansbaai

Das Fischerdorf verdankt seinen Namen den einst hier nistenden Gänsen. Vor der Küste leben Haie und Wale. Haie kann man auf Bootsausflügen nach Dyer Island beobachten, wo Brillenpinguine, Klippen-Austernfischer und Südafrikanische Seebären leben. Die in der nahen Klipgat Cave freigelegten 2000 Jahre alten Tonscherben zählen zu den ältesten, die in Südafrika gefunden wurden.
✪ *Karte U6* • *Information: (028) 384 1439*
• *www.gansbaaiinfo.com*

3 Agulhas National Park

Am südlichsten Punkt Afrikas fließen Atlantischer und Indischer Ozean zusammen. Den Namen Agulhas (Nadeln) prägten portugiesische Seefahrer angesichts der spitzen Felsen vor der Küste, an denen rund 250 Schiffe zerschellten. Die Felsstrände, an denen sich Südafrikas ältester Leuchtturm (1849) befindet, besitzen nüchternen Charme. Der 1999 ausgewiesene, vier Hektar große Nationalpark nimmt mittlerweile 21 000 Hektar ein.
✪ *Karte V6* • *(028) 435 6078*
• *tägl. 9–17 Uhr* • *Leuchtturm: Eintritt* • *www.sanparks.org*

4 De Hoop Nature Reserve

Das Areal östlich von Agulhas, das größte Küsten-*Fynbos*-Habitat Südafrikas, ist Zuchtgebiet für Buntböcke und Bergzebras. Die hohen Dünen und schroffen Felsen erkundet man auf Spazierwegen, Mountainbike-Touren oder einer fünftägigen Wanderung auf dem Weg, der nach den von Juni bis November an der Küste zu sichtenden Walen benannt ist. ✪ *Karte W5* • *(021) 483 0190* • *tägl. 7–18 Uhr*
• *Eintritt* • *www.capenature.co.za*

Elenantilope im De Hoop Nature Reserve

Die felsige Küste um Hermanus

Mehr über den »Whale Crier« in Hermanus
www.hermanus.info/de/hermanus-whale-crier

Stadtteile & Regionen – Um die Weinregion

Wale & Delfine

In südafrikanischen Meeren wurden beachtliche 42 Arten Wale und Delfine gesichtet. Wegen der Südkaper, die zu geschützten Buchten wie Walker und False Bay wandern, ist das Westkap für die Walbeobachtung ideal. Auch Große Tümmler sind regelmäßig zu sehen: Im Kielwasser von Schiffen drehen sie recht munter ihre Pirouetten.

Swellendam

Die anmutige Kleinstadt wurde 1745 an der abgelegenen Ostgrenze der Kapkolonie gegründet. Kapholländische Bauwerke wie der Drostdy (Sitz des Magistrats), der im Jahr 1747 erbaut wurde und heute als heimatkundliches Museum dient, untermauern das historische Flair. Sechs Kilometer außerhalb der Stadt durchzieht ein Netz von ruhigen Straßen und Wanderwegen das hügelige *renosterveld* im Bontebok National Park, der 1931 zum Schutz der 30 verbliebenen wilden Buntböcke gegründet wurde. Heute leben hier rund 200 Tiere. ◎ Karte W5 • Information: (028) 514 2770 • www.swellendamtourism.co.za

Wolfberg Arch im Cederberg

Cederberg

Die Cederberg Wilderness Area (städtisches Schutzgebiet) und die Cederberg Conservancy (privates Farmland) bilden das Zentrum der Cederberg-Region. Wanderer schätzen die von atemberaubenden Sandsteinspitzen wie dem Wolfberg Arch und dem Maltese Cross geprägte Felslandschaft, die vielen Felszeichnungen und die reiche endemische Flora und Fauna. Der Conservancy widmet man sich am besten mehrere Tage. Man kann die Berg- und Karoo-Region aber auch auf kurzen Wanderungen erkunden. Privat geführte Camps bieten Zugang zu Felszeichnungen und Aussichtspunkten. ◎ Karte U2 • (021) 483 0190 • www.capenature.co.za

West Coast National Park

Die unberührte Küstenlinie an der Langebaan Lagoon nördlich von Kapstadt ist mit dem Auto in einer Stunde erreichbar und von August bis September besonders reizvoll, wenn um den Postberg Wildblumen in prächtiger Frühjahrsblüte stehen. Auf Inseln vor der Küste brüten zehn Meeresvogelarten in Kolonien. Das Erholungsgebiet an der Lagune ist bei Wassersportlern beliebt. ◎ Karte S3 • (022) 772 2144/5 • Apr–Sep: tägl. 7–19.30 Uhr; Okt–März: tägl. 6.30–19.30 Uhr; Postberg: Aug & Sep (Blumenblüte): tägl. 9–17 Uhr • Eintritt • www.sanparks.org

Paternoster & Cape Columbine

Der Küstenort Paternoster an Cape Columbine nördlich von Kapstadt ist für die traditionellen weiß getünchten Fischerhütten und leckeren Krebsgerichte bekannt. Das benachbarte Columbine Nature Reserve schützt einen Küstenstreifen, der von August bis Oktober in voller Blü-

Renosterveld ist eine nördlich von Kapstadt gedeihende Fynbos-Art, die vom Nashornbusch (renosterbos) dominiert wird.

Rosapelikane in der Langebaan Lagoon

te steht, ganzjährig hervorragende Kajak-Gebiete bietet und viele Land- und Meerestiere beherbergt. ◈ *Karte S2*

9 **Lamberts Bay**
Lamberts Bay – die größte Stadt an der Westküste und für ihre Edelkrebse berühmt – besitzt das Flair eines verschlafenen Hafenorts. Im hübschen Hafen tummeln sich Robben und andere Meerestiere. Hauptattraktion ist die 20 000 bis 30 000 Vögel umfassende Kaptölpelkolonie auf Bird Island *(siehe S. 41)*. Auf Bootsausflügen sind oft die nur in dieser Region heimischen Heaviside-Delfine und Wale zu sehen. Von Lamberts Bay aus kann man gut die Olifants River Wine Route erkunden. ◈ *Karte S1 • Information: (027) 432 1000 • www.lambertsbay.co.za*

10 **Namaqualand**
Die Wüste nördlich von Lamberts Bay bietet eines der weltweit faszinierendsten Naturschauspiele: Im August oder im September verwandeln leichte Regenfälle die felsigen Ebenen in farbenprächtige Blumenfelder. Die gesamte Farbenpracht umfasst mehrere Hundert Arten von Blütenpflanzen. Zehn Prozent aller Sukkulenten sind in der Region heimisch, darunter surreal wirkende Aloen wie *kokerboom* (Köcherbaum) und der knollige *halfmensboom* (Halbmenschen-Baum). ◈ *Karte T1 • (053) 832 2657 • www.experiencenortherncape.com*

Eine Zweitagestour nach Hermanus

Erster Tag

🕐 Folgen Sie der N2 von Kapstadt 30 Minuten lang Richtung Osten. Fahren Sie bei Strand rechts auf die R44. **Hermanus**, 75 Kilometer von Strand entfernt, ist in einer Stunde erreichbar. Aufenthalte in Rooiels Bay und Kleinmond belohnen mit fantastischer Sicht auf **Cape Point** *(siehe S. 36)*. Das Fynbos-Habitat im **Harold Porter Botanical Garden** *(siehe S. 98)* in Betty's Bay bietet Entspannung. Beziehen Sie ein Hotel in Hermanus und essen Sie im **Burgundy Restaurant** oder im **Dutchies** *(siehe S. 99)* an der Küste zu Mittag. Gehen Sie nachmittags auf dem Pfad auf den Klippen gen Westen oder durch die Stadt mit Blick auf Wale im Ozean. Bei ruhigem Wetter kann man zum Onrus Beach wandern. Kehren Sie abends im **Burgundy Restaurant** oder **The Marine Hermanus** *(siehe S. 118)* ein.

Zweiter Tag

Fahren Sie direkt nach dem Frühstück nach **Gansbaai**. Sie können von den Booten nach Dyer Island u. a. Delfine, Wale und Weiße Haie bzw. auf einer zweistündigen Tour Wale sichten oder die Läden der Stadt erkunden. In Gansbaai lockt mittags das schicke Restaurant **The Great White House** (5 Geelbek St). Nehmen Sie bei ausreichend Zeit die längere Strecke, die in Botrivier auf die N2 und über Vredendal Pass und Sir Lowry's Pass nach Somerset West führt. Ein Abstecher zum **Weingut Vergelegen** *(siehe S. 85)* am Helderberg lohnt sich auf jeden Fall.

In der Kulturlandschaft Richtersveld in Namaqualand – UNESCO-Welterbestätte – lebt der Stamm der Nama noch als Wanderhirten.

Links **Kirche in Robertson** Rechts **Harold Porter National Botanical Garden**

ᴛᴏᴘ10 Dies & Das

1 Strand

Der von Kapstadt 50 Kilometer entfernte Ferienort an der Küste ist nach dem zugehörigen Strand benannt. ⊗ *Karte D4* • *(021) 853 1688* • *www.capetown.travel*

2 Harold Porter National Botanical Garden

Der Garten widmet sich der *Fynbos*-Flora. ⊗ *Karte E6* • *Betty's Bay* • *(028) 272 9311* • *www.sanbi.org*

3 Kogelberg Biosphere Reserve

Das *Fynbos*-Schutzgebiet ist auf Wandern, Mountainbike- und Kajakfahren ausgerichtet. ⊗ *Karte E5* • *(021) 483 0190* • *tägl. 7.30–16 Uhr* • *Eintritt* • *www.capenature.co.za*

4 Salmonsdam Nature Reserve

In dem Schutzgebiet am Fuß des Paardeberg kann man Tageswanderungen durch Berg-*Fynbos* unternehmen. ⊗ *Karte V5* • *(021) 483 0190* • *Eintritt* • *www.capenature.co.za*

5 Robertson

Robertson liegt an der Weinstraße entlang dem Breede River. Die Weingüter bieten günstigere Preise als jene um Stellenbosch und Franschhoek. ⊗ *Karte V4* • *www. robertsonwinevalley.com*

6 Ceres

Der nach der römischen Göttin des Ackerbaus und der Fruchtbarkeit benannte Ort liegt im Zentrum des Obstanbaugebiets. ⊗ *Karte U3* • *www.ceres.org.za*

7 Karoo Desert National Botanical Garden

Der weitgehend unkultivierte Garten ist bekannt für Pflanzen aus den ariden und semi-ariden Klimazonen des südlichen Afrika. ⊗ *Karte U4* • *Roux Rd, Worcester* • *(023) 347 0785* • *tägl. 7–19 Uhr* • *Aug–Okt: Eintritt* • *www.sanbi.org*

8 Melkbosstrand

Der Ferienort nördlich von Kapstadt ist bei Anglern beliebt. Der schöne Strand bietet Aussicht auf die Table Bay. ⊗ *Karte T4*

9 Darling

Der viktorianische Bahnhof der einst idyllischen Stadt ist heute Heimat des kühnen Cabarets Evita se Perron. ⊗ *Karte T3* • *www.darlingtourism.co.za*

10 Rocherpan Nature Reserve

Zu den Vogelarten, die in dem Feuchtgebiet gesichtet wurden, zählen Rosapelikane und Haubentaucher. ⊗ *Karte S2* • *(021) 483 0190* • *Mai–Aug: tägl. 8–17 Uhr* • *Eintritt* • *www.capenature.co.za*

Mehr über die Vegetationsformation Fynbos **siehe S. 76–78**

Preiskategorien

Preis für ein Drei-Gänge-Menü pro Person mit einer halben Flasche Wein, inkl. Steuern und Service.	
	R unter 150 R
	RR 150–200 R
	RRR 200–250 R
	RRRR 250–300 R
	RRRRR über 300 R

Agulhas Country Lodge

TOP10 Mittagslokale

1 Seafood at the Marine
In dem Restaurant des Fünf-Sterne-Hotels Marine Hermanus lassen sich exzellentes Seafood und großartige Weine mit Blick auf die Wale vor der Walker Bay genießen. ◈ *Karte U5 • Marine Dr, Hermanus • (028) 313 1000 • RRRR*

2 Dutchies
Das Dutchies bietet internationale Küche und eine schöne Lage am Wasser. Gäste können vom Restaurant aus gut Wale beobachten. ◈ *Karte U5 • Grotto Beach, Hermanus • (028) 314 1392 • RRR*

3 Burgundy Restaurant
Die ausgeklügelte Küche des Restaurants verbindet Einflüsse des nördlichen und südlichen Mittelmeerraums. Das Burgundy liegt in einem der ältesten – heute denkmalgeschützten – Gebäude von Hermanus und bietet den Blick aufs Meer. ◈ *Karte U5 • Marine Dr, Hermanus • (028) 312 2800 • RRRR*

4 Grootbos Forest Lodge
Im Lodge-Restaurant kann man in wunderschöner Umgebung essen. Panoramafenster ermöglichen den Blick auf die Küste. ◈ *Karte U6 • Grootbos Private Nature Reserve, R43, 13 km hinter Stanford • (028) 384 8000 • RRRRR*

5 Agulhas Country Lodge
Dieses Restaurant in einem kleinen Haus in Hanglage zeichnet sich unter den wenigen Agulhas-Lokalen durch exzellente Weine und Meeresfrüchte sowie grandiose Aussicht über den südlichsten Punkt Afrikas aus. ◈ *Karte U6 • 673 Main Rd, L'Agulhas • (028) 435 7650 • RRRR*

6 Tolhuis Bistro
Das Lokal im einstigen Zollhaus – heute nationales Wahrzeichen – am Mitchell's Pass ist für Steaks bekannt, serviert aber auch ländliche und leichte Kost. ◈ *Karte U3 • Ceres • (023) 312 1211 • RR*

7 Geelbek Restaurant
Das auf südafrikanische Küche spezialisierte Restaurant in einem kapholländischen Haus bietet auch einige vegetarische Gerichte. ◈ *Karte S3 • West Coast National Park • (022) 772 2134 • RRR*

8 Marianas
Die Gerichte der ländlichen Küche entstehen hier mit viel Leidenschaft und mit Zutaten aus eigenem Anbau. Reservierung wird empfohlen. ◈ *Karte U6 • 12 Du Toit St, Stanford • (028) 341 0272 • Do–So mittags • keine Kreditkarten • RRR*

9 Die Strandloper
Das Lokal bietet ein leckeres Büfett mit Fisch vom Grill. ◈ *Karte S3 • Langebaan Lagoon • (022) 772 2490 • nur mit Reservierung • keine Kreditkarten • www.strandloper.com • RRRR*

10 Muisbosskerm Restaurant
Das Büfett mit Kap-Gerichten lädt zum Verweilen am Meer ein. ◈ *Karte S1 • 5 km südl. von Lamberts Bay • (027) 432 1017 • www.muisbosskerm. co.za • RRRR*

Folgende Doppelseite **Folkloristische Miniaturmasken am Greenmarket Square**

REISE-INFOS

TOP 10 KAPSTADT

Links **Parlamentsgebäude** Mitte **Straßenschilder in Englisch und Afrikaans** Rechts **Stromstecker**

TOP10 Grundinformationen

1 Politisches System

Südafrika ist eine parlamentarische Demokratie mit einem Präsidenten als Staatsoberhaupt und Regierungschef. Das Parlament hat seinen Sitz in Kapstadt. Es besteht aus zwei Kammern: der Nationalversammlung und dem Nationalrat der Provinzen. Seit 1994 ist der African National Congress (ANC) die stärkste politische Kraft Südafrikas.

2 Wirtschaft

Südafrika besitzt die größte Volkswirtschaft des Kontinents. Das Land ist reich an Bodenschätzen wie Gold und Diamanten, die industrielle Produktion ist vielfältig. Das Wirtschaftswachstum, das Mitte der 2000er Jahre bei etwa fünf Prozent lag, verlangsamte sich 2012 auf unter drei Prozent. Kapstadt ist eines der vier großen Wirtschaftszentren und zieht landesweit die meisten Urlauber an.

3 Sprachen

In Südafrika gibt es seit dem Ende der Apartheid die elf Amtssprachen Afrikaans, Englisch, Süd-Ndebele, isiXhosa, isiZulu, Siswati, Sesotho, Sepedi, Xitsonga, Setswana und Tshivenda. In Kapstadt sprechen rund 36 Prozent der Einwohner Afrikaans, etwa 30 Prozent isiXhosa und 28 Prozent Englisch. Urlauber können nahezu alle Belange in englischer Sprache klären.

4 Religion

In Südafrika herrscht Religionsfreiheit. Der Großteil der Bevölkerung besteht aus zionistischen, katholischen, methodistischen, niederländisch-reformierten und anglikanischen Christen. Hindus, Muslime, Juden und Buddhisten sind ebenfalls vertreten.

5 Strom

Die Stromspannung in Südafrika beträgt 230 V bei 50 Hz Wechselstrom. Stecker mit Doppelstift sind für fünf Ampere, Stecker mit drei runden Stiften für 15 Ampere ausgelegt. Elektroläden informieren über passende Adapter.

6 Öffnungszeiten

Ämter sind montags bis freitags von 8.30 bis 16.30 Uhr geöffnet, Postämter auch samstags von 8.30 bis 11.30 Uhr. Die Öffnungszeiten der Museen, Weingüter u. a. Sehenswürdigkeiten können stark variieren *(siehe auch S. 108 & S. 111)*.

7 Zeit

Die südafrikanische Standardzeit entspricht der Mitteleuropäischen Sommerzeit (MESZ) und ist der Winterzeit (MEZ) eine Stunde voraus.

8 Botschaften

Die Botschaften von Deutschland, Österreich und der Schweiz befinden sich in Pretoria/Tshwane in der Provinz Gauteng *(siehe Kasten)*.

9 Feiertage

Südafrika hat zwölf Feiertage im Jahr: 1. Januar (Neujahr), 21. März (Tag der Menschenrechte), Karfreitag, Ostermontag, 27. April (Freiheitstag), 1. Mai (Tag der Arbeit), 16. Juni (Tag der Jugend), 9. August (Tag der Frauen), 24. September (Tag des Kulturerbes), 16. Dezember (Versöhnungstag), 25. und 26. Dezember (Weihnachten).

10 Literatur

Werke der Nobelpreisträger J. M. Coetzee und Nadine Gordimer, von André Brink und Achmat Dangor sowie Mandelas Autobiografie *Long Walk to Freedom* geben Einblick in das Leben in Südafrika. Läden in Kapstadt bieten Literatur zu Flora und Fauna.

Botschaften

Deutschland
180 Blackwood St, Arcadia, Pretoria/ Tshwane 0083
• *(012) 427 8900*
• *www.pretoria.diplo.de*

Österreich
454A Fehrsen St, Brooklyn, Pretoria/ Tshwane 0181
• *(012) 452 9155*
• *www.bmeia.gv.at/ pretoria*

Schweiz
225 Veale St, New Muckleneuck, Pretoria/ Tshwane 0181
• *(012) 452 0660*
• *www.eda.admin.ch/ pretoria*

In Südafrika werden auf einen Sonntag fallende Feiertage am darauffolgenden Montag begangen.

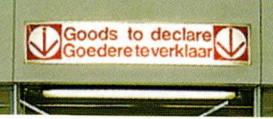

Links **Internet-Café** Mitte **Fremdenverkehrsinformation** Rechts **Zollschild am Flughafen**

TOP10 Reisevorbereitung

1 Information

Kapstadts Fremdenverkehrsorganisation Cape Town Tourism betreibt zwölf Informationsstellen in der Stadt. Urlauber erhalten hier kompetente Hilfe bei Buchungen und weitere Dienstleistungen. ☎ *(021) 487 6800 • www. capetown.travel*

2 Internet

Für Reisende nach Kapstadt ist die offizielle Internet-Seite des Fremdenverkehrsamts der Stadt besonders hilfreich (www.capetown.travel). Sehr gut sind auch www. kapstadt.com und die auf Veranstaltungshinweise spezialisierte Seite www. capetowntoday.co.za. Unter der Adresse www. winelands.co.za findet man Informationen über die Weinregion, unter www.eatout.co.za und www.restaurants.co.za Restauranthinweise.

3 Karten

In den Fremdenverkehrsbüros in Kapstadt sind gute kostenlose Karten erhältlich. Auch die Büros in kleineren Städten bieten Kartenmaterial. Map Studio hat die beste Auswahl an detaillierten Karten. ☎ *Map Studio: Wembley Square, Solan St, Gardens • (021) 460 5400 • www.mapstudio.co.za*

4 Einreise

Bewohner der EU benötigen für die Einreise und einen Aufenthalt von bis zu 90 Tagen einen Reisepass, der mindestens sechs Monate über das Ausreisedatum hinaus gültig ist und über zwei freie Seiten für Sichtvermerke verfügt. Auch jedes Kind benötigt ein eigenes Reisedokument mit Foto. Ein Visum ist nicht erforderlich. Beachten Sie, dass eine Überschreitung der Aufenthaltsfrist mit empfindlichen Geldstrafen geahndet wird.

5 Zoll

Zollfrei eingeführt werden dürfen 50 Milliliter Parfum, zwei Liter Wein, ein Liter Spirituosen, 200 Zigaretten, 250 Gramm Tabak, 20 Zigarren bzw. Waren bis zu einem Betrag von 3000 Rand.

6 Versicherung

Eine Reisekrankenversicherung ist empfehlenswert. Für ärztliche Leistungen und die Behandlung in Krankenhäusern sind grundsätzlich Vorauszahlungen in oft beträchtlicher Höhe zu leisten.

7 Beste Reisezeit

In der Hauptsaison – im Sommer von Oktober bis März – steigen die Preise für Unterkünfte. Im Winter ist das Wetter wechselhaft: Es gibt schöne milde Tage, aber auch Kälte, Nieselregen und Wind. Die beste Reisezeit ist im späten August und im September, wenn die Besucherzahlen gemäßigt sind, das Wetter ausgeglichen ist und die Wildblumen prächtig blühen.

8 Kleidung

Für Südafrikas warmen bis milden Sommer empfiehlt sich leichte Kleidung, vorsichtshalber auch Pullover. In den kalten Wintermonaten von Mai bis September ist eine warme Jacke erforderlich. Leicht bekleidete Frauen ziehen außer an Stränden unerwünschte Aufmerksamkeit von Männern auf sich.

9 Reisegepäck

Wappnen Sie sich mit Creme und Hut gegen die Sonne. Ein Fernglas ist für die Beobachtung der Tierwelt von Nutzen. Verschreibungspflichtige Medikamente sollte man bei der Einreise mit sich führen. Die Läden in Kapstadt versorgen Besucher mit allen benötigten Utensilien.

10 Dauer des Aufenthalts

Dem Besuch Kapstadts und der Weinregion sollte man mindestens eine Woche widmen, die Attraktionen füllen einen 14-tägigen Aufenthalt leicht aus.

Fremdenverkehrsbüros

The Pinnacle Building
Karte Q4 • Ecke Burg & Castle St • (021) 487 6800

Stellenbosch
Karte D2 • 36 Market St • (021) 883 3584

V & A Waterfront
Karte Q1 • (021) 408 7600

Internet-Auftritt der Südafrikanischen Botschaft in Berlin **www.suedafrika.org**

Links **Cape Town International Airport** Rechts **Taxi in Kapstadt**

TOP 10 Anreise

1 Mit dem Flugzeug
Der OR Tambo International Airport bei Johannesburg ist der wichtigste internationale Flughafen Südafrikas. Während der südafrikanischen Sommermonate fliegen Lufthansa von Frankfurt am Main direkt und Air Namibia über Windhoek nach Kapstadt. In den anderen Monaten fliegen South African Airways und andere Fluggesellschaften ab Frankfurt oder München über Johannesburg, Amsterdam oder London nach Kapstadt.

2 Flüge innerhalb Afrikas
South African Airways bietet Direktflüge zu allen Hauptstädten Afrikas. In den anderen afrikanischen Ländern fliegen die meisten nationalen Gesellschaften von der jeweiligen Hauptstadt nach Südafrika: z. B. dauert der Flug mit Air Namibia von Windhoek nach Kapstadt rund zwei Stunden.

3 Inlandsflüge
Neben South African Airways bieten Kulula, Mango und Safair preiswerte Flüge zwischen Kapstadt und anderen südafrikanischen Städten (*siehe S. 107*).

4 Cape Town International Airport
Der Flughafen liegt an der N2 20 Kilometer östlich des Stadtzentrums von Kapstadt. Der Cape Town International Airport zählt in Bezug auf Passagierzahlen zu den größten afrikanischen Flughäfen. Neben Läden und Restaurants bietet er auch Bank- und Postdienste sowie einige Mietwagenanbieter.
🔎 *(021) 937 1200 • www.airports.co.za*

5 Flughafenhotel
Kapstadts Flughafen liegt in den Cape Flats. Reisende, die Kapstadt spätabends erreichen oder frühmorgens verlassen möchten, können in einem der 90 Zimmer der Road Lodge, dem einzigen gut ausgestatteten Hotels in Flughafennähe, recht günstig übernachten.
🔎 *Karte C3 • (021) 934 7303 • www.citylodge.co.za*

6 Vom Flughafen
Einige Hotels bieten einen kostenlosen Flughafentransfer an. Die Flughafenbusse von MyCiTi fahren von 5 bis 22 Uhr alle 20 Minuten für etwa 70 R ins Stadtzentrum. Der Shuttle-Dienst Randy's verkehrt für Preise ab 350 R regelmäßig zwischen Flughafen, Stadtzentrum, V & A Waterfront, Green Point und Camps Bay. Der Preis hängt ab von Wegstrecke und Gruppengröße. Privattaxis und Mietwagen sind teurer.
🔎 *MyCiTi: (0800) 656 463; www.myciti.org.za*
🔎 *Randy's: (021) 706 0166 • www.randystours.com*

7 Überlandbusse
Überlandbusse verbinden Kapstadt mit Johannesburg, Pretoria/Tshwane, Port Elizabeth, Durban und Upington. Die Tarife sind preiswert. Größte Unternehmen sind Greyhound (www.greyhound.co.za), Intercape (www.intercape.co.za), Translux (www.translux.co.za) und Intercity Xpress (www.intercity.co.za).

8 Mietwagen
Mietwagenpreise beginnen bei 150 Rand pro Tag (inkl. 200 km). Internationale Anbieter wie Avis (www.avis.co.za) und Hertz (www.hertz.co.za) sind in Kapstadt vertreten. Günstiger sind regionale Unternehmen wie Hire A Car (www.hireacarcapetown.co.za) und Tempest Car Hire (www.tempestcarhire.co.za).

9 Züge
Kapstadts Vorortzüge (www.capemetrorail.co.za) werden überwiegend von Berufspendlern und selten von Urlaubern genutzt. Der Blue Train zwischen Pretoria/Tshwane bzw. Johannesburg und Kapstadt (www.bluetrain.co.za) und die Züge von Rovos Rail (www.rovos.com) sind dagegen sehr beliebt.

10 Mit dem Schiff
Kreuzfahrtschiffe legen auf Fahrten zu Inseln im Indischen Ozean und nach Europa in Kapstadt an. Interessant ist die Fahrt mit der RMS St Helena (www.rms-st-helena.com) zwischen Kapstadt und den Inseln St. Helena und Ascension im Südatlantik.

 Viele Südafrika-Urlauber nutzen das Angebot an Gabelflügen (z. B. Ankunft in Kapstadt, Rückflug von Johannesburg).

Links **Tankstelle** Mitte **Mietwagenfirma** Rechts **Stadtbus**

TOP 10 Unterwegs

1 Rikkis Taxis

Die Fahrzeuge bilden eine Mischform aus herkömmlichen Taxis und den typisch afrikanischen Zusteigetaxis für mehrere Personen. Wagen kann man entweder telefonisch bestellen oder im Stadtzentrum und einigen Vororten an der Straße heranwinken. Rikkis Taxis transportieren bis zu fünf Passagiere. Sie sind preiswerter als Taxis anderer Anbieter. ☎ *(0861) 745 547 • tägl. 24 Std. • www.rikkis. co.za*

2 Taxis

Taxitarife in Kapstadt sind mit etwa 10 R pro Kilometer günstig. Es gibt kaum umherfahrende Wagen, die man heranwinken kann. In der Long Street sowie vor den meisten gehobenen Hotels und den Malls befinden sich jedoch Taxistände. Auch telefonische Bestellungen sind möglich. ☎ *Marine: (0861) 434 0434* ☎ *Intercab: (021) 447 7799* ☎ *Unicab: (0800) 250 250*

3 Mietwagen

Die Kap-Halbinsel und die Weinregion lassen sich gut mit Mietwagen erkunden. Die Gebühren sind relativ hoch. Buchen Sie am besten schon vor der Anreise. Mietwagenfirmen sind an allen internationalen Flughäfen vertreten. Voraussetzung ist ein Mindestalter von 23 Jahren und der Besitz des Führerscheins seit mindestens fünf Jahren.

4 Tankstellen

Die meisten Tankstellen sind rund um die Uhr geöffnet und besitzen einen Ladenbereich. Kreditkarten werden angenommen. Einige Tankstellen akzeptieren nur vor Ort ausgestellte Benzinkarten, ansonsten ist Barzahlung erforderlich.

5 Parken

Mehrstöckige Parkhäuser sind in ganz Kapstadt vorhanden. An den meisten Attraktionen wie Gardens und dem Castle of Good Hope gibt es Parkplätze. Am Straßenrand stehen oft Parkwächter, die für ein Trinkgeld von 5 bis 10 R Ihren Wagen im Auge behalten.

6 Radfahren

Im Zentrum Kapstadts ist Radfahren kaum empfehlenswert. Außerhalb der Stadt ist es eine schöne Möglichkeit, die Landschaft zu erkunden. Allerdings sollte man immer die beträchtlichen Entfernungen zwischen den Orten bedenken. Downhill Adventures ist ein empfehlenswerter Fahrradverleih (021 422 0388; www.downhilladventures.com).

7 Zu Fuß

Das Zentrum Kapstadts erkundet man am besten zu Fuß. Die meisten Sehenswürdigkeiten liegen nicht weit voneinander entfernt. Auf Spaziergängen sollte man keine Wertsachen bei sich tragen. Erkundigen Sie sich bei Einheimischen, welche Gebiete nach Einbruch der Dunkelheit sicher sind. Rufen Sie im Zweifelsfall ein Taxi.

8 Busse

MyCiTi-Haltestellen sind über die Stadt verteilt, der Knotenpunkt von Kapstadts Buslininennetz ist jedoch der Golden Acre Bus Terminal in der Strand Street. In abgelegene Vororte bestehen eingeschränkte Verbindungen. Stadtrundfahrten in Bussen mit offenem Verdeck sind beliebt *(siehe S. 107)*.

9 Züge

Der Hauptbahnhof von Kapstadt befindet sich in der Adderley Street. Besonders attraktiv ist das »Hop-on, hop-off«-Ticket für die Bahn zwischen Kapstadt und Simon's Town: Auf einem detaillierten Plan sind Sehenswürdigkeiten in der Nähe der Haltestellen markiert. Es gibt regelmäßige Zugverbindungen nach Stellenbosch. ☎ *(0800) 656 463 • Tickets: 30–50 R • www. capemetrorail.co.za*

10 Geführte Touren

Für Urlauber ohne eigenes Transportmittel sind geführte Touren die beste Möglichkeit, abgelegene Gebiete wie das Cape of Good Hope *(siehe S. 26f)* und die Weinregion zu besuchen. In Townships bieten Gruppen Sicherheit. Hotels und Fremdenverkehrsbüros empfehlen Veranstalter.

➡ *Beachten Sie bei einer Radtour um die Kap-Halbinsel, dass der Transport von Fahrrädern in Nahverkehrszügen nicht gestattet ist.*

Links **Ein Strauß überquert eine Straße** Mitte **Sonnencreme** Rechts **Wolken über dem Tafelberg**

TOP 10 Vorsicht!

1 Straßenverkehr
Wenn Sie mit einem Auto unterwegs sind, benötigen Sie den internationalen Führerschein. Afrikaner sind für einen forschen Fahrstil bekannt, die Autofahrer Südafrikas sind keine Ausnahme. Vor allem vor den als rücksichtslos berüchtigten Minibussen, die als öffentliche Verkehrsmittel dienen, sollte man sich in Acht nehmen. In ländlichen Gebieten – u. a. in der Weinregion – überqueren häufig Tiere die Straßen.

2 Sonne
Wegen der ozonarmen Atmosphäre und des oft wolkenlosen Himmels ist die Sonnenstrahlung in Südafrika sehr stark (siehe S. 109). Besucher sollten vor Spaziergängen und Wanderungen Sonnencreme mit hohem Lichtschutzfaktor auftragen und einen breitkrempigen Hut tragen. Wegen der starken Reflexion der Sonnenstrahlen durch das Wasser sind diese Maßnahmen auch auf Bootsfahrten zu ergreifen.

3 Schlangen
Schlangen kann man auf dem Tafelberg und in Naturschutzgebieten begegnen. Die meisten Schlangenarten sind harmlos. Auch Giftschlangen flüchten meist, wenn sie nahende Schritte spüren. Auf Wanderungen reduziert das Tragen von festem Schuhwerk und langen Hosen die Gefahr von Schlangenbissen. Sofern Sie keine Handschuhe tragen, sollten Sie keine Hölzer oder Steine vom Boden aufheben.

4 Füttern von Pavianen
Paviane dürfen auf keinen Fall gefüttert werden. Sollte Ihnen ein Pavian Obst, Süßigkeiten oder andere Lebensmittel stehlen wollen, sollten Sie sich auf gar keinen Fall dagegen wehren. Wenn es darum geht, Nahrung zu ergattern, werden die Tiere aggressiv und zögern nicht, ihre scharfen Zähne einzusetzen.

5 HIV & Aids
Der Prozentsatz von mit HIV infizierten Personen ist in Südafrika sehr hoch. Abstinenz bietet den besten Schutz. Kondome sind in Apotheken, Supermärkten und Tankstellen erhältlich.

6 Betrug an Geldautomaten
Betrüger arbeiten mit zwei Verfahrensweisen: Ein scheinbar hilfsbereiter Einheimischer flüchtet mit Ihrer Karte oder man bewerkstelligt während des Abbuchungsvorgangs, dass die Karte im Automaten stecken bleibt. Außerhalb der Banköffnungszeiten und in abgelegenen Gebieten ist das Risiko am größten. Geben Sie Ihre PIN niemals preis und achten Sie darauf, dass Sie beim Eintippen nicht beobachtet werden.

7 Überfälle
Wenn man die üblichen Vorsichtsmaßnahmen (siehe S. 109) beachtet, besteht kaum die Gefahr eines Überfalls. Ein Tipp: Halten Sie etwas Kleingeld in Jacken- oder Hosentasche bereit, damit Sie nicht ständig den Geldbeutel zücken müssen.

8 Wetterwechsel in den Bergen
Das unbeständige Wetter auf dem Tafelberg fordert jedes Jahr Opfer. Auch an klaren Tagen sollte man sich der Möglichkeit eines plötzlichen Wetterwechsels bewusst sein. Steigen Sie bei auftretendem Nebel ab bzw. warten Sie bei allzu schlechten Sichtverhältnissen auf Hilfe.

9 Schwimmen
Obwohl gelegentliche Haiangriffe Schlagzeilen machen, liegt für Schwimmer die größere Gefahr in heftiger Strömung bei stürmischem Wetter. Fragen Sie vor Ort nach den Bedingungen und gehen Sie nicht bei schlechtem Wetter oder allein ins Wasser.

10 Autofahren in der Weinregion
Nach Weinproben selbst Auto zu fahren, ist gefährlich und steht unter Strafe. Entscheiden Sie entweder über einen Fahrer, der nicht an der Verkostung teilnimmt, oder schließen Sie sich einem der organisierten Ausflüge von Kapstadt oder Stellenbosch aus an (siehe S. 64).

In Südafrika herrscht Linksverkehr.

Links **Stadtrundfahrt** Mitte **Mitgebrachter Wein** Rechts Cocktail zur Happy Hour

TOP 10 Kapstadt für wenig Geld

1 Preiswerte Inlandsflüge

Wegen der zunehmenden Konkurrenz unter den Airlines ist das Angebot an günstigen Flügen gut. Für Besucher, die hinsichtlich der Reisedaten flexibel sind, sind Flüge zwischen Johannesburg, Durban und Kapstadt oft günstiger als Fahrten mit Bus oder Bahn. Informationen bieten die Websites www.flysaa.com, www.kulula.com, www.flymango.com und www.safair.co.za.

2 Hotelpreise in der Nebensaison

Wie in allen saisonal frequentierten Urlaubszielen sind auch in Kapstadt in der Nebensaison zahlreiche Hotelzimmer verfügbar. Viele Hotels offerieren von Mai bis September äußerst preiswerte Angebote bei kurzfristiger Online-Buchung oder bei Erscheinen vor Ort. Zuweilen bezahlen Gäste mit 300 R für ein Doppelzimmer wenig mehr als für die Unterkunft in einer Jugendherberge. Die Hotelketten Protea und City Lodge haben besonders günstige Angebote (www.citylodge.co.za, www.proteahotels.com).

3 Go Cape Town Card

Wer die Go Cape Town Card vorweisen kann, kann zahlreiche Sehenswürdigkeiten und Museen kostenlos oder zu einem ermäßigten Eintrittspreis besuchen und auf vielen Weingütern gratis an einer

Weinprobe teilnehmen. Eine Stadtrundfahrt mit dem Bus ist ebenfalls im Preis enthalten. Die Karte ist für einen, zwei, drei und sieben Tage in den Fremdenverkehrsbüros *(siehe S. 103)* erhältlich. Die Preise beginnen bei 395 R und 195 R (Kinder & Jugendliche bis 15 Jahre). ✆ www.gocards.co.za

4 Happy Hour

Viele Bars in Kapstadt bieten zur Happy Hour Getränke zum halben Preis oder zwei Getränke zum Preis von einem.

5 Minibusse

Die als Zusteigetaxis fungierenden Busse fahren von frühmorgens bis abends entlang Victoria, Regent und Strand Road sowie Long, Kloof und Buitenkant Street. Man kann sie an der Straße oder an den Haltestellen heranwinken. Fragen Sie vor dem Einsteigen nach der Route. Informieren Sie den Fahrer über Ihr Ziel und bedanken Sie sich beim Aussteigen. Tarife betragen ca. 5 bis 20 R.

6 Stadtrundfahrten mit dem Bus

Kapstadts offene Stadtrundfahrtbusse, in denen man jederzeit zu- und aussteigen kann, sind beliebte Transportmittel. Die beiden Linien – Blue Route und Red Route – kann man für 150 R einen Tag lang unbegrenzt nutzen. ✆ (021) 511 6000 • www.citysightseeing.co.za

7 Preiswerte Tagesausflüge

Busreisen bieten mehr Komfort als öffentliche Verkehrsmittel und sind günstiger als Taxis. Mehrere Veranstalter bieten Touren nach Cape Point und Boulders, in die Weinregion oder in Townships bzw. organisieren Abenteuerurlaube. Agenturen in der Long Street nehmen Buchungen entgegen.

8 Mitgebrachter Wein

In viele Restaurants dürfen Gäste eigenen Wein mitbringen. Damit kann man die Getränkekosten erheblich reduzieren, auch wenn ein Korkgeld (üblicherweise 30 bis 40 R) erhoben wird. Erkundigen Sie sich vorab bei der Reservierung.

9 Picknick & Selbstversorgung

Die vielen Supermärkte Kapstadts bieten alles für Selbstversorger und köstliche Picknickzutaten. In Gardens, Boulders Beach oder auf den Weingütern um Stellenbosch gibt es schöne Picknickgelände.

10 Zu Fuß unterwegs

Zu Fuß sind Urlauber am preiswertesten unterwegs. Die Viertel Kapstadts, Stellenboschs und Franschhoeks lassen sich prima auf Spaziergängen erkunden. Fleißige Wanderer können stadtnah gelegene Weingüter wie Mont Rochelle oder Lanzerac in ihre Touren aufnehmen.

 Der »Hop-on, hop-off« Baz Bus fährt über Durban und Garden Route von Johannesburg nach Kapstadt **www.bazbus.com**

Links **Geldautomat** Mitte **Post- & Kurierdienst** Rechts **Tageszeitung**

TOP 10 Geld & Kommunikation

1 Währung
Südafrikas Währung ist der Rand (Abkürzung R bzw. ZAR). 1 Rand entspricht 100 Cent. Geldscheine sind in Werten von 10, 20, 50, 100 und 200 Rand im Umlauf, Münzen in den Werten 1, 2 und 5 Rand sowie 5, 10, 20 und 50 Cent.

2 Banköffnungszeiten
Die meisten Banken sind montags bis freitags von 9 bis 15.30 Uhr und samstags von 8.30 bis 11.30 Uhr geöffnet. In Kleinstädten ist dies nicht immer der Fall. Banken an internationalen Flughäfen sind wesentlich länger geöffnet.

3 Geldwechsel
In den meisten Banken kann man Geld wechseln. Private Wechselstuben (Forex Bureaux) in Shopping Malls und an Flughäfen sind länger geöffnet. Jeder Devisenhandel wird dokumentiert, bei den Transaktionen ist der Reisepass vorzulegen. Die Kurse sind nicht verhandelbar. Es gibt keinen Schwarzmarkt.

4 Kreditkarten
Fast alle Hotels, Restaurants und Läden akzeptieren gängige Kreditkarten. Visa und MasterCard werden am häufigsten angenommen, American Express ist wenig verbreitet und wird nicht immer akzeptiert. An Marktständen und in kleinen Läden ist bar zu bezahlen.

5 Geldautomaten
Bei den meisten Banken kann man mit Kreditkarte sowie Girocard mit Maestro-Logo an Automaten Geld abheben. Debitkarten, die das VPay-Logo tragen, funktionieren nicht. Die Höchstsumme beträgt pro Abhebung üblicherweise 1000 R. Auch an Flughäfen stehen Geldautomaten (ATMs) zur Verfügung.

6 Telefon & Handy
In Südafrika muss auch bei Ortsgesprächen die dreistellige Ortsvorwahl mitgewählt werden. Die Vorwahl von Kapstadt ist 021, die Vorwahl Südafrikas 0027. Die Mitnahme eines Handys *(cell phone)* ist anzuraten, informieren Sie sich vorab über die Tarife vor Ort. An großen Flughäfen kann man Handys mieten. Mobilfunknummern beginnen mit 07 oder 08. Die Nummer für Deutschland Direkt lautet 0800 990 049.

7 Internet-Cafés
Internet-Cafés mit Breitbandzugang sind in ganz Kapstadt zu finden. WLAN steht an internationalen Flughäfen sowie in einigen Cafés, Restaurants und Hotels zur Verfügung. Besucher, die darauf angewiesen sind, sollten sich vorab beim Hotel erkundigen.

8 Post- & Kurierversand
Postsendungen nach und aus Südafrika werden zuverlässig, aber langsam erledigt. Luftpost nach Europa benötigt etwa eine Woche. Der private Zustelldienst PostNet betreibt in vielen großen Malls Niederlassungen. Für den Versand von Wertsachen empfehlen sich internationale Kurierdienste wie FedEx und DHL.

9 Presse
Seit dem Ende der Apartheid herrscht Pressefreiheit. In den Städten gibt es einige deutschsprachige Zeitungen zu kaufen.

10 Fernsehen
Drei Sender der staatlichen Anstalt SABC und der Privatsender eTV werden ausgestrahlt. Alle werden von amerikanischen Sendungen und Werbung dominiert. Die meisten Hotels und Sport-Bars bieten Kabelfernsehen mit Filmen, Sport- und Nachrichtensendungen.

Kreditkartenverlust

Allgemeine Notrufnummer
• 0949 116 116
• www.116116.eu

American Express
• 0800 110 929

Diners Club
• 0860 346 377

MasterCard
• 0800 990 418

Visa
• 0800 990 475

Girocard
• 0949 69 740 987

 Wer viel mit dem Handy telefoniert, kann mit einer vor Ort erworbenen SIM-Card Kosten sparen.

Links **Am Strand herrscht Sonnenbrandgefahr** Mitte **Private Arztpraxis** Rechts **Polizeiabzeichen**

TOP 10 Sicherheit & Gesundheit

1 Versicherung

Eine Reisekrankenversicherung ist empfehlenswert, da die Behandlung beim Arzt oder im Krankenhaus teuer werden kann. Die medizinische Versorgung ist in der Regel gut.

2 Impfungen

Die für Reisen in tropische Länder empfohlenen Impfungen sind für einen Aufenthalt in Kapstadt nicht nötig. Zur Sicherheit kann eine Auffrischung des Polio- und Tetanus-Schutzes nicht schaden. Personen, die aus Gelbfiebergebieten, darunter einige andere afrikanische Staaten, einreisen, müssen einen entsprechenden Impfschutz nachweisen.

3 Notfälle

In ganz Südafrika lautet der Polizeinotruf 10111, für Krankenwagen 10177. Bei beiden Nummern entfällt die Ortsvorwahl. Regionale Notrufnummern sind in den Adressbüchern von Hotels aufgeführt. Am besten erkundigt man sich jedoch an der Rezeption.

4 Krankenhäuser & Apotheken

In Kapstadt gibt es mehrere Krankenhäuser. Der medizinische Standard ist dem europäischen vergleichbar. Hotels geben Empfehlungen für andere Einrichtungen wie Zahnarztpraxen. In den meisten Apotheken gelten die üblichen Öffnungszeiten *(siehe S. 111)*. Rund um die Uhr geöffnet ist u. a. M-Kem in der Durban Road in Bellville (021 948 5702).

5 Malaria

Malariavorkommen sind in Südafrika auf die Gebiete an den nördlichen und östlichen Landesgrenzen beschränkt. Urlauber, die ausschließlich die Provinz Westkap bereisen möchten, müssen keine Vorkehrungen treffen: Diese Region ist malariafrei. Wer jedoch Ausflüge in den Kruger National Park oder an die Küstenregion nördlich von Durban plant, sollte sich rechtzeitig vor Beginn der Reise um eine Malaria-Prophylaxe bemühen.

6 Sonnenbrand

Für Reisende aus kälteren Klimazonen birgt die gleißende Sonne Südafrikas Gefahren: Wer sich am Strand zu lange der Sonne aussetzt, riskiert einen schmerzhaften Sonnenbrand oder einen Sonnenstich. Sonnenanbeter sollten sich mit einem starken Schutzmittel eincremen und das Bräunen auf ein Minimum beschränken. Die beste Zeit zum Sonnenbaden ist bei niedrigem Sonnenstand.

7 Trinkwasser

Sofern nicht durch ausdrücklich Warnhinweise als ungenießbar gekennzeichnet, ist Leitungswasser in Kapstadt trinkbar. In Flaschen abgefülltes Wasser ist überall in der Stadt erhältlich.

8 Öffentliche Toiletten

Öffentliche Toiletten sind europäischem Standard entsprechend gepflegt, mit wenigen Ausnahmen. An den meisten Tankstellen und in Shopping Malls sind die Toiletten gut ausgeschildert. In der Innenstadt sind sie schwerer zu finden. Auf Anfrage kann man auf Stadtspaziergängen die sanitären Einrichtungen in Hotels oder Restaurants nutzen.

9 Verbrechen

Führen Sie nur wenig Bargeld mit sich und tragen Sie Wertsachen verdeckt. Lassen Sie Ihr Gepäck nicht unbeaufsichtigt. Bitten Sie Einheimische um Rat, welche Gebiete nach Einbruch der Dunkelheit sicher sind *(siehe S. 106)*. Nach Sonnenuntergang ist an abgelegenen Aussichtspunkten Vorsicht geboten – trotz des inzwischen verstärkten Einsatzes von Wachpersonal und Überwachungskameras.

10 Tiere

Skorpione und Schlangen stellen für Wanderer in Naturreservaten eine geringe, aber nicht zu vernachlässigende Gefahr dar. Tragen Sie feste Schuhe und lange Hosen. In der False Bay gibt es zuweilen Haiangriffe, u. a. auf Surfer. Schwimmer sollten nicht mit offenen Wunden oder nach Sonnenuntergang bzw. vor Sonnenaufgang, wenn die Tiere besonders aktiv sind, ins Wasser.

 Afrika wird mit wilden Tieren assoziiert. In Kapstadt sind Paviane die einzigen potenziell gefährlichen Säugetiere **siehe S. 106**

Links **Pink Map** Rechts **Unterkunft für Rucksackurlauber**

TOP 10 Besondere Interessen

1 Behinderte Reisende

Einrichtungen für behinderte Reisende sind in Südafrika wenig verbreitet, die Situation verbessert sich jedoch langsam. Die meisten Hotels, Urlauberattraktionen und Shopping Malls sind mit Rollstühlen zugänglich. Die Hauptwege im Kirstenbosch National Botanical Garden sind für Rollstühle geeignet und besitzen eine Beschilderung in Braille-Schrift. Die Internet-Seite www. eco-access.org liefert Informationen über rollstuhlgerechte Zugänge zu anderen Naturschutzgebieten. Erkundigen Sie sich vor Bestellung eines Mietwagens nach der entsprechenden Karte für besondere Parkerlaubnis.

2 Organisierte Touren für behinderte Reisende

Mehrere Organisationen veranstalten auf behinderte Reisende abgestimmte Touren. Flamingo Tours (www.flamingotours.co.za) und Endeavour Safaris (www.endeavour-safaris. com) bieten Programme für Personen mit verschiedensten Einschränkungen. Der Rolling South Africa (www.rollingsa.co.za) ist ebenfalls empfehlenswert.

3 Alleinreisende Frauen

Die Einstellung gegenüber Frauen ist in Südafrika wesentlich konservativer als in Europa. Dennoch bereisen viele Frauen das Land allein. Achten Sie in ländlichen Gebieten auf dezente Kleidung und meiden Sie bei Dunkelheit menschenleere Gebiete.

4 Rucksackurlauber

Kapstadt zieht viele Rucksackurlauber an. Mehrere Herbergen bieten interessante Angebote. Innerhalb und außerhalb der Stadt gibt es wunderbare Touren. Die Website www. coasttocoast.co.za und die dazugehörige Broschüre *Coast To Coast* enthalten wertvolle Informationen.

5 Camping

Um Kapstadt und in den meisten Naturschutzgebieten gibt es mit sanitären Anlagen und Kochbereichen gut ausgestattete Campingplätze. Im Wohnwagen lässt sich die Region sehr gut erkunden.

6 Studenten

Reisende unter 26 Jahren und Studenten mit einem gültigen internationalen Studentenausweis (ISIC) erhalten in einigen Sehenswürdigkeiten und öffentlichen Verkehrsmitteln Ermäßigungen.

7 Mit Kindern reisen

Kapstadt bietet Kindern jeden Alters viele Attraktionen. In den meisten Hotels dürfen Kinder zu ermäßigten Preisen oder kostenlos im Zimmer der Eltern übernachten. In Restaurants sind preiswerte Kinderportionen erhältlich. Bei den meisten Sehenswürdigkeiten ist der Eintrittspreis für Kinder um ein Viertel bis um die Hälfte niedriger als der reguläre Preis.

8 Senioren

Südafrika ist auf ältere Reisende besser eingestellt als viele andere afrikanische Länder und ein bei Senioren beliebtes Reiseziel. Zahlreiche Dienstleister und Veranstalter bieten Preisnachlässe für Senioren.

9 Schwule & Lesben

Die Politik Südafrikas ist Schwulen und Lesben gegenüber liberal. Kapstadt besitzt die größte homosexuelle Szene im Land und gilt unter schwulen und lesbischen Reisenden als äußerst beliebtes Ziel. An einigen anderen Orten Südafrikas hinkt die Einstellung der Menschen der politischen Freiheit etwas nach. Offen homosexuelles Verhalten kann zu Konflikten führen.

10 Information für Schwule & Lesben

Die Internet-Seiten www. capetown.tv und www. capeinfoafrica.co.za nennen u.a. Hotels und andere Einrichtungen für homosexuelle Reisende. Die offizielle Website des Cape Town Pride Festival www.capetownpride.org *(siehe S. 54)* bietet fundierte Informationen über das homosexuelle Leben in der Stadt. Die Broschüre *Pink Map* ist eine weitere hilfreiche Informationsquelle.

Die Association for Persons with Disabilities informiert unter (021) 555 2881 über behindertengerechte Einrichtungen.

Links **An der V & A Waterfront** Mitte **Unterkunft für Selbstversorger** Rechts **Trinkgeld**

TOP10 Nützliche Hinweise

1 Ladenöffnungszeiten
Läden haben montags bis freitags von 9 bis 17 Uhr geöffnet, einige Geschäfte sind bis 18 Uhr offen. Läden in Shopping Malls wie der Victoria Wharf an der V&A Waterfront sind bis 21 Uhr geöffnet. Läden, die auch samstags öffnen, besitzen unter der Woche kürzere Öffnungszeiten.

2 Mehrwertsteuer
Die Mehrwertsteuer beträgt in Südafrika 14 Prozent. Ausländische Reisende können sich diese bei Einkäufen von einem Wert ab 250 R rückerstatten lassen. Bei der Ausreise sind dazu in den entsprechenden Büros am Cape Town International Airport oder am OR Tambo International Airport in Johannesburg die Kassenbons vorzulegen. ✪ *Mehrwertsteuerrückerstattung: Clock Tower Bldg, V&A Waterfront • Mo–Sa 9–17 Uhr, So 10–17 Uhr*

3 Kunsthandwerk
In Kapstadt ist Kunsthandwerk aus ganz Afrika erhältlich. An der V&A Waterfront, in der Long Street, im Fischerhafen in Hout Bay sowie an der Hauptstraße in Kalk Bay gibt es entsprechende Märkte und Läden.

4 Frühstück
Bei den meisten gehobenen Hotels ist das Frühstück im Zimmerpreis enthalten. Die Büfetts bieten eine reiche Auswahl warmer und kalter Speisen. Haben Sie ein Zimmer ohne Frühstück gebucht, sind Kaffee und Croissants in Delikatessenläden oder Cafés preiswerte Alternativen. Die Kloof Street bietet viele Optionen für ein günstiges Frühstück.

5 Mittagessen
Den meisten Sehenswürdigkeiten sind Lokale angeschlossen. Auf Besichtigungstouren kann man dort einen Imbiss einnehmen. An lauen Sommertagen lockt ein entspanntes Mittagessen in einem der Seafood-Restaurants an der V&A Waterfront.

6 Abendessen
Für Einheimische ist das Abendessen die wichtigste Mahlzeit des Tages. In Restaurants wird in der Regel ein Drei-Gänge-Menü serviert. Preisbewusste Reisende sollten beachten, dass ein Hauptgericht in der Regel ausreicht und Vor- und Nachspeisen die Rechnung in die Höhe treiben können. Im Sommer kann man an Tischen im Freien speisen, von Mai bis September ist dies kaum möglich.

7 Picknick
Auf den Rasenflächen der Weingüter an der Wine Route kann man mittags wunderbar picknicken. Die in Boschendal und Spier erhältlichen Picknickkörbe sind hervorragend bestückt. Das Restaurant Moyo Kirstenbosch bietet ebenfalls exquisite Pakete. Man kann sich auch in Supermärkten für ein Picknick eindecken.

8 Trinkgeld
Kellner und Barkeeper sind auf Trinkgeld angewiesen. Je nach Zufriedenheit mit dem Service sollte das Trinkgeld 10 bis 15 Prozent betragen. Es ist besser, Bargeld zu geben als den Rechnungsbetrag bei Kartenzahlung aufrunden zu lassen. Hotelportiers erhalten 2 bis 5 R pro Gepäckstück. Andernorts ist Trinkgeld Ermessenssache.

9 Unterkünfte für Selbstversorger
Selbstversorgung spart Restaurantkosten und schafft Flexibilität. Cape Letting (www.capeletting.com) und Afribode Accommodation (www.afribode.com) listen Apartments. Die meisten Herbergen für Rucksackurlauber besitzen ebenfalls Einrichtungen für Selbstversorger.

10 Nebensaison
In der Nebensaison (Mai bis September) bieten viele Hotels günstige Konditionen für Kurzentschlossene: Drei-Sterne-Hotelketten wie Protea und City Lodge weisen auf ihren Websites Zimmer für etwa 400 bis 500 R aus. Wer über das Internet kein günstiges Hotel ergattern kann, sollte nur für die erste Nacht ein Zimmer buchen und vor Ort Angebote in Hotels erfragen.

Links **Twelve Apostles Hotel and Spa** Rechts **The Grand Daddy**

📷10 Luxushotels, Kapstadt

1 Mount Nelson Hotel

Das »Nellie«, Kapstadts prestigeträchtigstes Hotel, ist in einem zeitlosen viktorianischen Gebäude mit Symbolcharakter untergebracht und besitzt elegante Zimmer und ein ausgezeichnetes Restaurant. Es bietet grandiose Aussicht. Der Nachmittagstee auf der Veranda ist sehr zu empfehlen. ✪ Karte P6 • 76 Orange St • (021) 483 1000 • www.mountnelson. co.za • RRRRR

2 One & Only Cape Town

Das von zeitgenössischer afrikanischer Atmosphäre geprägte Strandhotel liegt im Zentrum der schicken V & A Waterfront. 40 der 131 Zimmer und Suiten befinden sich auf einer Insel. ✪ Karte P2 • Dock Rd, V & A Waterfront • (021) 431 5888 • http://capetown. oneandonlyresorts.com • RRRRR

3 Derwent House

Das Boutique-Hotel im Herzen der City Bowl bietet Zimmer mit Blick auf den Tafelberg. Die elegante Einrichtung wird durch exzellente Ausstattung mit Dachterrasse, solarbeheiztem Pool und Whirlpool ergänzt. ✪ Karte M6 • 14 Derwent Rd • (021) 422 2763 • www.derwent house.co.za • RRRR

4 Cape Grace

Das Hotel trägt den Namen zu Recht: Das Cape Grace bietet elegante Zimmer, eine überwältigende Anzahl an Dienstleistungen, schmackhafte Küche der Kapregion und aufmerksamen Service. Einige Zimmer haben einen eigenen Balkon. ✪ Karte Q2 • West Quay Rd, V & A Waterfront • (021) 410 7100 • www.capegrace. com • RRRRR

5 Victoria & Alfred Hotel

Das Hotel in einem ehemaligen viktorianischen Lagerhaus erhebt sich im Zentrum der V & A Waterfront. Alle Zimmer bieten schöne Aussicht. Suiten im Loft sind teurer als Standardzimmer. ✪ Karte R3 • Pierhead • (021) 419 6677 • www.newmark hotels.com • RRRRR

6 Westin Cape Town

Das hochmoderne Hotel in einem Hochhaus an der Waterfront ist vor allem für Geschäftsreisende ausgelegt. Es hat eher nüchternen Charme, doch die Fünf-Sterne-Einrichtungen können überzeugen. ✪ Karte Q3 • 1 Lower Long St • (021) 412 9999 • www.westincapetown. com • RRRRR

7 Waterfront Village

Das Fünf-Sterne-Suitenhotel bietet luxuriöse Apartments für Selbstversorger. Die vielen Einrichtungen machen es vor allem bei Familien beliebt. ✪ Karte Q2 • 4 West Quay Rd, V & A Waterfront • (021) 421 5040 • www.waterfront village.com • RRRRR

8 The Grand Daddy

Die als Penthouses fungierenden Wohnwagen auf dem Dach sind ohne Zweifel das charmanteste Accessoire des kreativ gestalteten Hotels: Sieben Airstream-Wohnwagen wurden von einheimischen Künstlern eingerichtet. Den Goldilocks und den Three Bears Caravan z. B. gestalteten Mark und Joe Stead. ✪ Karte P5 • 38 Long St • (021) 424 7247 • www.granddaddy. co.za • RRRR

9 The Bay Hotel

Das elegante Hotel mit der geschwungenen Fassade bietet direkten Zugang zum beliebten Strand von Camps Bay. Die Ausstattung entspricht dem Fünf-Sterne-Standard. Von den Zimmern im oberen Stockwerk hat man traumhafte Sicht auf die Berge. ✪ Karte H1 • 69 Victoria Rd, Camps Bay • (021) 438 4444 • www.thebay. co.za • RRRRR

10 Twelve Apostles Hotel and Spa

Das Fünf-Sterne-Boutique-Hotel am Fuß der Felsformation Twelve Apostles und am Ufer des Atlantischen Ozeans bietet einen exzellenten Service und ein sehr gutes Spa. Das Hotel organisiert Picknicks und Touren durch die von Fynbos-Vegetation geprägte Umgebung. ✪ Karte H1 • Victoria Rd, Camps Bay • (021) 437 9255 • www.12apostles hotel.com • RRRRR

Wenn nicht anders angegeben, akzeptieren alle Hotels Kreditkarten und bieten Zimmer mit Bad und Klimaanlage.

Links **Cape Town Hollow Boutique Hotel** Rechts **Zimmer im Cape Heritage Hotel**

🔟 Mittelklassehotels, Kapstadt

1 Cape Town Hollow Boutique Hotel

Das zeitgenössisch eingerichtete Hotel liegt in Gehweite vieler Restaurants, Bars und Clubs. Es verfügt über ein italienisches Restaurant und ein Spa. ⊘ Karte P5 • 88 Queen Victoria St • (021) 421 5140 • www.seasonsinafrica.com/hotels-in-south-africa • RRR

2 Cape Heritage Hotel

Das historische Hotel am Heritage Square besitzt 17 individuell gestaltete Zimmer mit antiken Elementen wie Holzböden und hohe Decken mit Balken. Im Hof befindet sich Südafrikas ältester Weingarten. ⊘ Karte Q4 • 90 Bree St • (021) 424 4646 • www.capeheritage.co.za • RRRR

3 Cape Diamond Hotel

Das charmante Hotel im Art-déco-Stil der 1930er Jahre besitzt eine zentrale Lage bei Gardens. Es bietet ein gutes Preis-Leistungs-Verhältnis. Das Restaurant im Erdgeschoss geht auf die Straße hinaus. ⊘ Karte Q5 • Ecke Longmarket & Parliament St • (021) 461 2519 • www.africanskyhotels.com • RR

4 Cape Milner

Das schicke Hotel besitzt 57 minimalistisch eingerichtete Zimmer mit dezentem Flair, bietet WLAN, 24-Stunden-Zimmerservice, einen Swimmingpool und einen Fitnessraum. ⊘ Karte N5 • 2A Milner Rd, Tamboerskloof • (021) 426 1101 • www.capemilner.com • RRRR

5 Four Rosmead Boutique Guesthouse

Das Hotel befindet sich in einem elegant umgestalteten, denkmalgeschützten Gebäude (1903). Die dezente Einrichtung hat eine unverkennbar afrikanische Note, die durch einheimische Kunstobjekte verstärkt wird. Es gibt ein Entspannungszimmer und einen Patio neben dem Pool. ⊘ Karte N6 • 4 Rosmead Ave, Oranjezicht • (021) 480 3810 • www.fourrosmead.com • RRRR

6 Winchester Mansions

Das Haus aus den 1920er Jahren in einem Hof mit Bougainvilleen liegt an der Küste in Sea Point. Die Zimmer im Erdgeschoss sind im edwardianischen Stil, die in den oberen Etagen zeitgenössisch eingerichtet und geräumig. ⊘ Karte L2 • 221 Beach Rd, Sea Point • (021) 434 2351 • www.winchester.co.za • RRRR

7 The Peninsula All-Suite Hotel

Das Art-déco-Hochhaus in Küstenlage bietet fantastische Aussicht. Für Selbstversorger gibt es Apartments und viele Läden in der Umgebung. Zur Ausstattung des bei Familien und Kleingruppen beliebten Hotels zählen ein Pool, eine Dachterrasse und ein kostenloser Shuttle-Service. ⊘ Karte I4 • 313 Beach Rd, Sea Point • (021) 430 7777 • www.peninsula.co.za • RRRRR

8 Wilton Manor

Das Hotel liegt in einer ruhigen Gegend von Green Point einige Minuten vom Stadtzentrum entfernt. Das restaurierte viktorianische Haus besitzt eine umlaufende Terrasse, Stuckdecken und Holzböden. Die sieben Doppelzimmer kann man einzeln oder als Einheit buchen. ⊘ Karte N2 • 15 Croxteth Rd, Green Point • (021) 434 7869 • www.wiltonguesthouses.co.za • RRR

9 Cape Standard

Das kleine Hotel liegt außerhalb des Stadtzentrums. Die Mischung aus europäischem Minimalismus und dezentem afrikanischen Flair schafft eine helle, geräumige Atmosphäre. Im Garten befindet sich ein Tauchbecken. Die Zimmerpreise sind vernünftig. ⊘ Karte M2 • 3 Romney Rd, Green Point • (021) 430 3060 • www.capestandard.co.za • RRR

10 Three Boutique

In einem Bau von 1740 mischt das Boutique-Hotel Geschichte und Moderne. Auf der Pool-Terrasse und der schwarz-weiß gefliesten Veranda kann man gut entspannen. ⊘ Karte P6 • 3 Flower St, Oranjezicht • (021) 465 7517 • www.thethree.co.za • RRRR

➡ *Die Klassifizierung der Hotels erfolgt in Südafrika durch mehrere anerkannte Verbände.*

Links »Doctor-and-Nurses«-Zimmer im Daddy Long Legs Mitte **Protea Hotel** Rechts **Tudor Hotel**

TOP 10 Preiswerte Hotels, Kapstadt

1 Daddy Long Legs

Das im Zentrum des Geschehens an der Long Street gelegene freche Boutique-Hotel lässt sich nicht mit konventionellen Kategorien beschreiben. Die 13 Zimmer wurden von verschiedenen Künstlern in einzigartiger, wenngleich zuweilen etwas skurriler Weise gestaltet. ◎ Karte D4 • 134 Long St • (021) 422 3074 • www.daddylonglegs.co.za • RR

2 Protea Hotel Fire & Ice

Die schwungvolle Einrichtung des Ablegers der Hotelkette Protea spricht junge Gäste an. Es gibt ein hochmodernes Fernsehzimmer, die Designer-Burger-Bar bietet Blick auf den Koi-Teich. Die 201 Zimmer sind gemütlich, aber etwas beengt. ◎ Karte N5 • New Church St • (021) 488 2555 • www.proteahotels.com • RRR

3 Tudor Hotel

Das Drei-Sterne-Hotel, das älteste im Stadtzentrum, vereint historisches Flair, ansprechende zeitgenössische Einrichtung und gute Ausstattung. Die Zimmer sind individuell gestaltet, das Preis-Leistungs-Verhältnis ist exzellent. ◎ Karte P4 • 153 Longmarket St • (021) 424 1335 • www.tudorhotel.co.za • RR

4 Underberg Guest House

Die reizende Pension in einem Farmhaus aus den 1860er Jahren liegt hübsch am Fuß des Tafelbergs. Es gibt neun Zimmer. Zur modernen Ausstattung gehört auch WLAN. Die Lage ist für Erkundungen des Zentrums und der Waterfront ideal. ◎ Karte N5 • 6 Tamboerskloof Rd, Tamboerskloof • (021) 426 2262 • www.underbergguesthouse.co.za • RRR

5 Holiday Inn Express

Das Hotel im Zentrum ist nicht weit von den wichtigsten Sehenswürdigkeiten entfernt. Die Zimmer entsprechen dem Standard, für den die Hotelkette weltweit bekannt ist. Frühstück ist inklusive. ◎ Karte P4 • 101 St George's Mall, Ecke Church St • (021) 480 8300 • www.hiexpress.com • RR

6 V&A Waterfront City Lodge

Das Hotel der südafrikanischen City-Lodge-Kette bietet preisgünstige Unterkünfte in Gehweite zur Waterfront. ◎ Karte Q3 • Ecke Alfred & Dock Rd • (021) 419 9450 • ohne Frühstück • www.citylodge.co.za • RRR

7 Protea Hotel Cape Castle

Das Hotel ist nur ein paar Schritte von der V&A Waterfront entfernt. Die 65 Suiten sind mit kompletten Küchen versehen. Die einfacheren bieten den Blick auf die Berge, die Luxusapartments den Blick auf die Waterfront. ◎ Karte P2 • 3 Main Rd, Green Point • (021) 439 1016 • ohne Frühstück • www.proteahotels.com • RR

8 De Waterkant Village

Die Anlage in Bo-Kaap nimmt einen Straßenzug ein. Die 30 Unterkünfte für Selbstversorger reichen von schlicht bis elegant. Die Lage ist für Besuche der Boutiquen, Restaurants und Clubs von De Waterkant (»am Rand des Wassers«) ideal. ◎ Karte P3 • 137 Waterkant St, De Waterkant • (021) 437 9706 • www.dewaterkant.com • RRR

9 Cape Town Ritz Hotel

Das Hotel ist vor allem wegen seines Drehrestaurants in der 21. Etage bekannt. Die modern eingerichteten Zimmer bieten erstklassigen Blick auf Berge und Meer. ◎ Karte L2 • Ecke Main & Camberwell Rd, Sea Point • (021) 439 6010 • www.africanskyhotels.com • RRR

10 Road Lodge Cape Town International Airport

Das schnörkellose Hotel ist das einzige in Flughafennähe. Alle Terminals sind zu Fuß erreichbar. Wer schweres Gepäck bei sich hat, kann den günstigen Shuttle-Dienst nutzen (siehe S. 104). ◎ Karte C3 • Cape Town International Airport • (021) 934 7303 • www.citylodge.co.za • RR

Steenberg Hotel

Preiskategorien

Preis für ein Standard-
Doppelzimmer pro
Nacht (ohne Frühstück),
inkl. Steuern und
Service.

R	unter 500 R
RR	500 – 1000 R
RRR	1000 – 1500 R
RRRR	1500 – 2000 R
RRRRR	über 2000 R

TOP 10 Hotels, Süden & Halbinsel

1 The Andros Boutique Hotel

Das exklusive Hotel liegt auf einem über 100 Jahre alten, von Sir Herbert Baker gestalteten kapholländischen Gehöft. Die acht Zimmer besitzen Veranden und antike Möbel. Es gibt einen Fitnessraum und einen Schönheitssalon. Das Restaurant serviert bei Kerzenschein Gerichte mit französischem Touch. Karte H2 • Ecke Phyllis & Newlands Rd, Claremont • (021) 797 9777 • www.andros.co.za • RRRRR

2 Vineyard Hotel & Spa

Das Luxushotel in einer 200 Jahre alten Residenz von Lady Anne Barnard bietet viele unterschiedliche Zimmer. Zu den vier Restaurants gehört eine Sushi-Bar. Es gibt einen beheizten Swimmingpool. Karte H2 • 60 Colinton Rd, Newlands • (021) 657 4500 • www.vineyard.co.za • RRRRR

3 The Cellars-Hohenort

Das elegante Fünf-Sterne-Hotel auf einem an den Kirstenbosch National Botanical Garden grenzenden Anwesen ist stilvoll, mit zeitgenössischem Touch eingerichtet. The Cape Malay Experience, eines der Hotelrestaurants, serviert köstliche Gerichte (siehe S. 75). Karte H2 • 93 Brommersvlei Rd, Constantia • (021) 794 2137 • www.cellars-hohenort. com • RRRRR

4 Constantia Uitsig Hotel

Das Boutique-Hotel mit drei preisgekrönten Restaurants und 16 Zimmern befindet sich in einem kapholländischen Farmhaus auf dem Weingut in Constantia. Karte H2 • Spaanschemat River Rd, Constantia • (021) 794 6500 • www.constantia-uitsig. com • RRRRR

5 The Last Word Constantia

Das als B & B fungierende Boutique-Hotel bietet vier gehobene Doppelzimmer und fünf Suiten. Die zeitgenössische Einrichtung wird durch moderne afrikanische Kunstwerke ergänzt. Mahlzeiten werden auf Anfrage zubereitet, in der Nähe gibt es einige Restaurants. Karte H2 • Spaanschemat River Rd, Constantia • (021) 794 6561 • www.thelastword.co.za • RRRRR

6 Steenberg Hotel

Reetdach und Giebel zieren das wunderschöne kapholländische Haus auf dem Weingut Steenberg. Hier befindet sich auch das ausgezeichnete Restaurant Catharina's. Gäste können den exklusiven Golfplatz nutzen. Karte H2 • Weingut Steenberg, Tokai • (021) 713 2222 • www.steenberghotel.com • RRRRR

7 Quayside Hotel

Das preiswerte Vier-Sterne-Hotel gehört zum wunderbar gelegenen Quayside Centre. Die Zimmer sind sehr groß. Der Aufpreis für Räume mit Balkon und Seeblick lohnt sich. Karte H4 • Jubilee Sq, St George's St, Simon's Town • (021) 786 3838 • http://quayside.ahagroup. co.za • RRR

8 Monkey Valley Beach Nature Resort

Die Cottages für Selbstversorger, umgeben von Milkwood-Wald oberhalb eines Strands, sind ein malerischer Anblick. Es gibt eine Bar, ein Restaurant und eine Terrasse. Karte G3 • Mountain Rd, abseits der Beach Rd, Noordhoek • (021) 789 8000 • www.monkeyvalleyresort. com • RRR

9 Chartfield Guest House

Das prächtige alte Gebäude mit 16 modernen Zimmern steht oberhalb des Hafens von Kalk Bay. In der Nähe gibt es Läden, einen Strand und viele gute Restaurants. Karte H3 • 30 Gatesville Rd, Kalk Bay • (021) 788 3793 • www.chartfield.co.za • RR

10 Boulders Beach Lodge & Restaurant

Das Hotel am Eingang von Boulders' Küstenpark mit Pinguinkolonie bietet 14 Zimmer, von denen zwei für Selbstversorger geeignet sind. Karte H4 • 4 Boulders Pl • (021) 786 1758 • www.bouldersbeach lodge.com • RR

 Wenn nicht anders angegeben, akzeptieren alle Hotels Kreditkarten und bieten Zimmer mit Bad und Klimaanlage.

Links **Lobby des Oude Werf** Mitte **Mont Rochelle** Rechts **Wild Mushroom Boutique Hotel**

TOP10 Hotels in Städten, Weinregion

1 Oude Werf
Das 1802 auf dem Fundament einer abgebrannten Kirche errichtete Hotel ist Südafrikas ältestes Landgasthaus. Das erschwingliche Hotel besitzt Flair und eine vorteilhafte Lage an der historischen Church Street. Die Räume sind gut ausgestattet. Das Restaurant serviert ausgezeichnete Kap-Gerichte. *Karte D2 • 30 Church St, Stellenbosch • (021) 887 4608 • www.oudewerf hotel.co.za • RRRR*

2 Eendracht
Das preisgekrönte Drei-Sterne-Dorfhotel liegt auf einem renovierten Gehöft (18. Jh.). Die meisten der zwölf Zimmer haben Balkone mit Blick zur historischen Dorp Street. Es gibt einen Salzwasserpool, ein Café und kostenloses Internet. *Karte D2 • 161 Dorp St, Stellenbosch • (021) 883 8843 • www. eendracht-hotel.com • RRR*

3 Protea Hotel Dorpshuis & Spa
Das gemütliche Boutique-Hotel mit vier Sternen liegt am ruhigen Ende der historischen Dorp Street. Die 28 Zimmer sind mit antiken Möbeln eingerichtet. Im schattigen Garten gibt es einen Pool. *Karte D2 • 22 Dorp St, Stellenbosch • (021) 883 9881 • www. proteahotels.com • RRRR*

4 Batavia Boutique Hotel
Das Hotel bietet moderne Annehmlichkeiten kombiniert mit der Pracht eines klassischen Gasthauses des 19. Jahrhunderts. In den neun individuell gestalteten Suiten verströmen erlesene antike und moderne Möbeln einen Hauch Luxus. *Karte D2 • 12 Louw St, Stellenbosch • (021) 887 2914 • www. batavia-stellenbosch.co.za • RRRR*

5 Wild Mushroom Boutique Hotel
Die sechs Suiten des eleganten Boutique-Hotels sind fantasievoll gestaltet: Jede hat eine andere Pilzsorte zum Thema. Zum Hotel gehören ein bezaubernder Garten und ein Swimmingpool. *Karte D2 • 39 Digteby Estate, Vlottenburg Rd, Stellenbosch • (021) 881 3586 • www.wildmushroom.co. za • RRRR*

6 Tulbagh Hotel
Das kleine Hotel im historischen Zentrum von Tulbagh wird von einer Familie betrieben. Die geräumigen Zimmer mit Holzböden sind elegant eingerichtet. Die an das Haus angeschlossene Lounge-Bar ist ein bei Urlaubern wie Einheimischen beliebtes Pub. *Karte H3 • 22 Van der Stel Street, Tulbagh • (023) 230 0071 • www.tulbaghhotel.co.za • RR*

7 Le Quartier Français
Das Fünf-Sterne-Hotel bietet große Zimmer und ist für seine vorzüglichen Restaurants The Tasting Room und Bread & Wine bekannt. Es gibt einen begrünten Innenhof, einen Pool und eine Lounge-Bar. *Karte F2 • Ecke Berg & Wilhelmina St, Franschhoek • (021) 876 2151 • www.lqf. co.za • RRRR*

8 Mont Rochelle
Das Fünf-Sterne-Hotel, das ehemalige Hotel Le Couronne, in klassischem kapholländischen Stil auf dem Weingut Mont Rochelle bietet fantastischen Blick auf Franschhoek. Die Zimmer sind klein und elegant. Es finden Weinproben statt. *Karte F2 • Dassenberg Rd, Franschhoek • (021) 876 2770 • www.montrochelle.co.za • RRRRR*

9 The Light House
Das Boutique-Hotel bietet Fünf-Sterne-Komfort durch und durch, üppiges Dekor und fünf große Suiten, aus denen Gäste die weitläufigen Gärten und den Pool überblicken können. *Karte E1 • 2 Lille St, Courtrai, Paarl • (021) 873 4600 • RRRR*

10 Grande Roche
Das Hotel am Stadtrand von Paarl zählt in der Weinregion zu den besten. Das reizende kapholländische Herrenhaus ist ein nationales Wahrzeichen. Die 34 eleganten Suiten bieten eine traumhafte Aussicht. *Karte E1 • Plantasie St, Paarl • (021) 863 5100 • www.grande roche.com • RRRRR*

Informationen zur Weinregion siehe S. 82–91

Preiskategorien

Preis für ein Standard-		
Doppelzimmer pro	**R**	unter 500 R
Nacht (ohne Frühstück),	**RR**	500–1000 R
inkl. Steuern und	**RRR**	1000–1500 R
Service.	**RRRR**	1500–2000 R
	RRRRR	über 2000 R

Stellenbosch Lodge

TOP 10 Hotels auf dem Land, Weinregion

1 Devon Valley Hotel
Das beliebte Vier-Sterne-Landhotel auf dem Weingut Sylvanvale bietet edwardianisches Flair, fantastische Aussicht und die Möglichkeit, durch das umliegende Weinanbaugebiet zu wandern. Das Flavour Restaurant ist preisgekrönt. ↗ Karte D2 • Devon Valley Rd, nahe Stellenbosch • (021) 865 2012 • www.devonvalley hotel.com • RRRR

2 Lanzerac
Das prestigeträchtige Hotel ist der Mittelpunkt eines 300 Jahre alten kapholländischen Weinguts am Stadtrand von Stellenbosch. Die Fünf-Sterne-Ausstattung bietet jeden nur erdenklichen Luxus. ↗ Karte E3 • 1 Lanzerac Rd • (021) 887 1132 • www. lanzerac.co.za • RRRRR

3 Kleine Zalze Lodge
Die Lodge bei Stellenbosch bietet Vier-Sterne-Unterkünfte (auch für Selbstversorger). Sie ist von Eichen umgeben und ermöglicht den Blick auf die Berge und auf einen Golfplatz. Das Restaurant Terroir ist etwas für Feinschmecker. ↗ Karte D3 • Strand Rd (abseits der R44), Stellenbosch • (021) 880 0740 • www.kleine zalze.co.za • RRRRR

4 Stellenbosch Lodge
Das Vier-Sterne-Hotel befindet sich auf dem Weingut Blaauwklippen südlich von Stellenbosch. Das reetgedeckte Haus ist eine Nachbildung kapholländischer Bauten. Die 53 Zimmer sind funktionell eingerichtet. Spezialität des Restaurants sind traditionelle Kap-Gerichte. ↗ Karte D3 • Canterbury Ln, Blaauwklippen • (021) 888 0100 • www.stblodge. co.za • RRRR

5 Spier Hotel
Das innovative Vier-Sterne-Hotel auf der Spier Wine Farm in der Nähe von Stellenbosch bietet Blick auf die Fluss Eerste. Die außergewöhnliche Einrichtung verbindet afrikanische Themen mit moderner Kunst. Die Lage ist für die Erkundung anderer Weingüter ideal. ↗ Karte D3 • Spier Wine Farm • (021) 809 1100 • www. spier.co.za • RRRR

6 Zevenwacht Country Inn
Die gemütliche Pension liegt an einem Hang des Weinguts Zevenwacht. Die klimatisierten Suiten haben eigene Terrassen. An klaren Tagen reicht der Blick bis zur Table Bay. Es gibt ein Clubhaus, einen Pool, einen Spielplatz und ein exzellentes Restaurant. ↗ Karte C3 • Langverwacht Rd, Kuilsrivier • (021) 900 5700 • www.zevenwacht. co.za • RRRR

7 WedgeView Country House & Spa
Hier können die Gäste Fünf-Sterne-Luxus in gemütlicher Umgebung mit individuell eingerichteten Zimmern, beheizten Pools und einem Spa genießen. Der Blick auf die umliegenden Berge und Weingebiete ist umwerfend. ↗ Karte D3 • Bonniemile Rd, Stellenbosch • (021) 881 3525 • www.wedgeview.co.za • RRRR

8 Alluvia Specialist Winery Estate
Auf dem Weingut stehen fünf elegant eingerichtete Vier-Sterne-Suiten und zwei Fünf-Sterne-Cottages für Selbstversorger zur Verfügug. Hotelgäste müssen für Weinproben nicht vorab reservieren. Man kann angeln und Golf spielen. ↗ Karte E2 • Helshoogte Pass • (021) 885 1661 • www.alluvia.co.za • RRRR

9 Eikendal Lodge
Das von Wein umrankte Haus liegt in den Weingärten des Guts Eikendal. Es gibt ein gutes Restaurant und die Möglichkeit, Fliegenfischen zu lernen. ↗ Karte D3 • R44 südl. von Stellenbosch • (021) 855 3617 • www.eikendallodge. co.za • RRRR

10 La Petite Ferme
Die Suiten und Cottages für Selbstversorger bieten einen herrlichen Blick über die Weinregion um Franschhoek. Restaurant und Weinkeller sind zu empfehlen. ↗ Karte F2 • Franschhoek Pass Rd • (021) 876 3016 • www. lapetiteferme.co.za • RRR

➡ Attraktionen in Stellenbosch siehe S. 28f

Links **Farr Out Guesthouse** Mitte **Cliff Lodge** Rechts **Agulhas Country Lodge**

TOP 10 Hotels rund um die Weinregion

1 The Marine Hermanus

Das exklusivste Hotel in Hermanus verfügt über 40 Zimmer und Suiten. Von der Veranda kann man Wale beobachten. Zur Ausstattung gehören ein Spa, ein beheizter Swimmingpool, ein Gezeitenbecken, eine Internet-Lounge und zwei vorzügliche Seafood-Restaurants. ⊗ *Karte U5* • *Marine Dr, Hermanus* • *(028) 313 1000* • *www. collectionmcgrath.com* • *RRRRR*

2 Misty Waves Boutique Hotel

Das großartige, auf Klippen gelegene Hotel hat zwei Etagen. Es bietet u. a. eine Lounge, einen Pool, ein Jacuzzi und ein exzellentes Seafood-Restaurant, von dem aus man hervorragend Wale beobachten kann. ⊗ *Karte U5* • *21 Marine Dr, Hermanus* • *(028) 313 8460* • *www. hermanusmistybeach.co.za* • *RRRRR*

3 Abalone Guest Lodge

Die Lage der gemütlichen Pension am Sievers Point ist ideal für Spaziergänge auf den Klippen, Walbeobachtung und die Erkundung der Stadt. ⊗ *Karte U5* • *306 Main Rd, Hermanus* • *(044) 533 1345* • *www. abalonelodge.co.za* • *RRR*

4 Cliff Lodge

Die preisgekrönte Pension besitzt eine fantastische Lage auf den Klippen nahe Gansbaai. Gäste genießen die wunderbare Aussicht auf die Walker Bay. Es gibt vier große Zimmer, eine Suite, einen Wintergarten, eine Terrasse mit Meerblick und ein Tauchbecken. ⊗ *Karte U6* • *De Kelders, Gansbaai* • *(028) 384 0983* • *www. clifflodge.co.za* • *RRRR*

5 Agulhas Country Lodge

Alle sieben Zimmer der familiengeführten Pension auf einem Hügel über dem südlichsten Punkt Afrikas bieten grandiose Aussicht. Hier ist mit das beste Seafood an der Südküste erhältlich. ⊗ *Karte V6* • *Main Rd, L'Agulhas* • *(028) 435 7650* • *www.agulhas countrylodge.com* • *RRR*

6 De Hoop Cottages & Lodges

In dem schönen Naturschutzgebiet befinden sich Häuser für Familien und Unterkünfte für Selbstversorger. Die Preise sind vernünftig. Gäste können sich in einem einfachen Laden und einem kleinen Restaurant mit dem Nötigsten versorgen. ⊗ *Karte W5* • *De Hoop Nature Reserve* • *(021) 422 4522* • *www. dehoopcollection.co.za* • *RR*

7 Bushmanskloof Wilderness Reserve & Wellness Retreat

Die hier lebenden Zebras und Antilopen stören etwas den Eindruck, das felsige Schutzgebiet wäre ein Stück Wilder Westen. Service, Verpflegung und die Cottages am Fluss sind exzellent. Fahrten in die Natur sind inklusive. ⊗ *Karte U1* • *R364, Cederberg Wilderness Area* • *(021) 437 9278* • *www.bushmans kloof.co.za* • *RRRRR*

8 Old Mac Daddy Luxury Trailer Park

Die langen, schnittigen, aus den USA importierten Wohnwagen rund eine Autostunde östlich von Kapstadt wurden von Künstlern – manchmal übermodern, manchmal schrill – eingerichtet. ⊗ *Karte F4* • *Valley Rd, Elgin* • *(021) 884 0241* • *www. oldmacdaddy.co.za* • *RR*

9 Farr Out Guesthouse

Von hier aus kann man gut die Attraktionen von Cape Columbine erkunden. Außer den vier schönen Zimmern am Rand von Paternoster gibt es auch ein von *Fynbos* umgebenes Wigwam. ⊗ *Karte S2* • *17 Seemeeusingel, Paternoster* • *(022) 752 2222* • *www. farrout.co.za* • *RR*

10 Robertson Small Hotel

Der prächtige viktorianische Bau bietet außer den wohl besten Unterkünften der Stadt auch ein gutes Restaurant. Das verschlafene Tal mit Wein und Olivenbäumen ist ein beliebtes Wochenendziel der Menschen aus Kapstadt. ⊗ *Karte V4* • *58 Van Reenen St, Robertson* • *(023) 626 7200* • *www.therobertson smallhotel.com* • *RRRR*

Preiskategorien

Preis für ein Standard-Doppelzimmer pro Nacht (ohne Frühstück), inkl. Steuern und Service.		
R	unter 500 R
RR	500 – 1000 R
RRR	1000 – 1500 R
RRRR	1500 – 2000 R
RRRRR	über 2000 R

Cat & Moose Backpackers

TOP 10 Herbergen für Rucksackurlauber

Long Street Backpackers

Von dem ältesten und vielleicht besten Hotel für Rucksackurlauber an der Long Street sind angesagte Clubs leicht erreichbar. Für alle, die mitten im Stadtgeschehen übernachten wollen, ist dies eine sichere und lebendige Unterkunft. ✆ *Karte P5 • 209 Long St • (021) 423 0615 • ohne Frühstück • www.longstreetbackpackers.co.za • R*

Cat & Moose Backpackers

Die Herberge an der Long Street besteht seit Langem. Das rund 200 Jahre alte Gebäude besitzt Holzböden und afrikanisches Dekor. Hier finden heiße Partys statt, man kann in dem Gebäude aber auch angenehm entspannen. ✆ *Karte Q4 • 305 Long St • (021) 423 7638 • ohne Frühstück • www.catandmoose.co.za • R*

Ashanti Lodge

Das Hotel verbindet elegante Einrichtung mit entspannter Partyatmosphäre. Es sind leichte Mahlzeiten und Drinks erhältlich. Die große Terrasse bietet fantastische Sicht auf den Tafelberg. ✆ *Karte P6 • 11 Hof St, Gardens • (021) 423 8721 • www.ashanti.co.za • RR*

The Backpack

The Backpack zählt in Südafrika zu den ältesten Herbergen für Rucksackurlauber. Neben Standard-zimmern und Schlafsälen gibt es sehr komfortable Unterkünfte. Das Reisebüro ist in der Organisation von Ausflügen sehr erfahren. ✆ *Karte N5 • 74 New Church St, Tamboerskloof • (021) 423 4530 • ohne Frühstück • www.backpackers.co.za • RR*

St John's Waterfront Lodge

Die gut geführte Herberge im Stadtteil Green Point liegt nahe der V & A Waterfront. Nachts sollte man den Weg nicht zu Fuß gehen. Ein Bus fährt in die Stadtmitte. ✆ *Karte P2 • 6 Braemar Rd, Green Point • (021) 439 1404 • ohne Frühstück • www.stjohns.co.za • R*

Simon's Town Boutique Backpackers

Für Rucksackurlauber gibt es an der Küste der südlichen Halbinsel erstaunlicherweise kaum gute Herbergen. Auch an dieser scheiden sich die Geister. Für Besuche der Stadt und der Boulders-Pinguinkolonie ist sie jedoch gut gelegen. ✆ *Karte H4 • 66 St George's St • (021) 786 1964 • ohne Frühstück • www.capepax.co.za • R*

Stumble Inn

Das Hotel ist wegen der Nähe zur historischen Dorp Street gut für die Besichtigung des Geschäftsviertels von Stellenbosch geeignet. Zu den Einrichtungen gehören u. a. ein Pool und eine TV-Lounge. ✆ *Karte P2 • 12 Market St, Stellenbosch • (021) 887 4049 • ohne Frühstück • www.stumbleinnbackpackers.co.za • R*

Otter's Bend

Das hübsch gelegene Hotel füllt eine Lücke im Angebot von Franschhoek. Von hier aus lassen sich viele Aktivitäten im Freien unternehmen. Die Restaurants in Franschhoek sind teuer, aber gut. ✆ *Karte F2 • Dassenberg Rd, Franschhoek • (021) 876 3200 • ohne Frühstück • www.ottersbendlodge.co.za • R*

Hermanus Backpackers

Die lebendige Herberge bietet viele verschiedene Zimmerarten und Aktivitäten wie Käfigtauchen mit Haien in Gansbaai, Klippenwanderungen, Walbeobachtungen und Weinproben an der Weinstraße entlang der Walker Bay. ✆ *Karte U5 • 26 Flower St, Hermanus • (028) 312 4293 • www.hermanusbackpackers.co.za • R*

The Beach Camp

Die Outdoor-Unterkunft bietet die schlichte Unterbringung in Nurdachhäusern und Zelten. Hier gibt es keinen Strom. Wer aktiv sein möchte, kann Kajak- oder Bootsausflüge unternehmen, reiten, spazieren gehen und schnorcheln. ✆ *Karte S2 • Cape Columbine Nature Reserve, Paternoster • (082) 926 2267 • ohne Frühstück • www.ratrace.co.za • R*

Textregister

Textregister

Textregister

Danksagung & Bildnachweis

Autor
Philip Briggs wurde in Großbritannien geboren und wuchs in Johannesburg auf. Er ist Autor zahlreicher Reiseführer über Afrika und liefert regelmäßig Beiträge für Magazine wie *Travel Africa, Africa Geographic, Wanderlust* und *BBC Wildlife*.

Fotografien Tony Souter

Dorling Kindersley, London

Publisher Douglas Amrine

List Manager Christine Stroyan

Managing Art Editor Mabel Chan

Senior Editor Sadie Smith

Project Designers
Paul Jackson, Shahid Mahmood

Senior Cartographic Editor Casper Morris

Senior Cartographic Designer Suresh Kumar

Cartographer Zafar-ul-Islam Khan

DTP Operator Natasha Lu

Production Linda Dare

Fact Checker Loren Minsky

Revisions
Emma Anacootee, Andrew Baranowski, Claire Baranowski, Madhura Birdi, Louise Cleghorn, Sean Fraser, Carrie Hampton, Mohammad Hassan, Claire Jones, Bharti Karakoti, Sumita Khatwani, Priyanka Kumar, Simon Lewis, Carly Madden, Sam Merrell, Sonal Modha, Ellen Root, Susana Smith, Ajay Verma

Bildnachweis

l = links; r = rechts; o = oben; u = unten; m = Mitte; d = Detail.

Wir haben uns bemüht, alle Urheber zu ermitteln, und entschuldigen uns für eventuelle, unbeabsichtigte Auslassungen. Gern werden wir die entsprechenden Angaben in künftige Auflagen aufnehmen.

Dorling Kindersley dankt den folgenden Personen und Institutionen für die freundliche Genehmigung zur Reproduktion ihrer Fotografien:

Agulhas Country Lodge Melanie Cleary 99ol, 118or.

Alamy AfriPics.com 48ol; Fabrice Bettex 55ol; Danita Delimont 36u, 43ol; Danita Delimont/Cindy Miller Hopkins 92f; David Sanger Photography 1m; Martin Harvey 12u; Kari Herbert 89ol; Fried von Horsten 40u; Pierre Logwin 34u; Eric Nathan 88ol; Bernard O'Kane 54o; Pictures Colour Library 6mo; Frances Roberts 35ol; Grant Rooney 54ur; Steve Allen Travel Photography 18f m; Peter Titmuss 7ul, 12m, 12mlo.

Annette Ashley & Associates 68ol.

City of Cape Town 105or.

Cliff Lodge 118om.

Corbis Franz-Marc Frei 56f; Gallo Images/Paul Velasco 34ol; John Hicks 28f m; Hoberman Collection 12f m; Hulton-Deutsch Collection 34or; Mark A. Johnson 32f; Henrik Trygg 49o.

EPA Nic Bothma 3ur, 46ur, 48ur.

Farr Out 118ol.

Fotolia TIG 82or.

Grand Café and Beach 65ol.

Grande Provence 91ol.

Images of Africa Shaen Adey 40or, 94mr; Nigel Dennis 97ol; Hein von Horsten 83or; Lanz von Horsten 3or, 76or, 94o; Walter Knirr 77ol, 94ml; Peter Pickford 40m.

Iziko Museums of South Africa Social History, Social History Collections 17um.

Jonkershuis 75ol.

Jordan Restaurant 53ol.

Kanonkop Wine Estate 89or.

La Colombe 52or.

Simon Lewis 6ml, 10ml, 11ol, 109or, 110ol, 111or.

Madame Zingara 67or.

Meerlust Estate Wine Shop 89ol.

Rabbit in a Hat PR 112or.

Reuters Howard Burditt 46om.

Rustenberg Wines 87ol.

Sevruga, The Caviar Group of Restaurants 68ol.

Shimmy Beach Club 66or.

Spier Wine Farm 38ul, 90or.

Terroir Restaurant 90ol.

Visage Media Services Getty Images/Frans Lemmens 24–25m.

Ian Webb 49ur.

Zulu Sound Bar 66om.

Umschlag
Vorderseite: **Corbis** Stuart Westmorland Hauptbild; **Alamy Images** picturescolourlibrary ul. *Buchrücken:* **Dorling Kindersley** Shaen Adey. *Rückseite:* **Dorling Kindersley** Shaen Adey or, Tony Souter om; **Getty Images** Walter Bibikow ol.

Und über Nacht sieht die Welt ganz anders aus.

In nur 9,5 Stunden Nachtflug nonstop Frankfurt-Windhoek und weiter nach Südafrika.